Inhalt

W0052565

Vorwort

*L*iebe Leserinnen, liebe Leser!
Es gibt in jeder Stadt zwei Gruppen von Menschen: Die eine wohnt noch nicht lange dort und kennt sich deshalb noch nicht aus. Die andere wohnt schon sehr lange dort und glaubt deshalb, schon alles zu kennen und zu wissen. Wo die erste Gruppe also zwar interessiert, aber mitunter hilflos vor einem alten Torbogen oder einem Brunnen steht, hebt die andere gar nicht mehr den Blick, weil sie ja von sich selbst glaubt, durch nichts mehr überrascht werden zu können.

Die gute Nachricht: Beiden Gruppen kann jetzt geholfen werden. Auf ebenso informative wie vergnügliche Weise, und zwar mit dem Buch, das Sie gerade in Ihren Händen halten. Den Autoren ist es auf ihren Streifzügen durch Darmstadt gelungen, die Stadtgeschichte in all ihren Facetten lebendig zu machen. Und schon öffnet sich manche Türe, werden Geschichten hinter der Geschichte lebendig, werden eben Geheimnisse aufgedeckt.

Will das spannend und unterhaltsam gelingen, muss man ganz nah ran gehen. Man darf natürlich den Gang ins Archiv oder das Aufblättern alter Chroniken nicht scheuen. Aber am Ende muss man vor Ort sein, den Staub eines Weges auf den eigenen Schuhen haben, den Klang eines Gegenstands hören, eine Farbe oder eine Form ganz genau angeschaut haben, bevor man sie beschreibt. Und vor allem: Man muss diejenigen fragen, die sich auskennen. Eine Stadt ist nämlich vor allem das gebündelte Wissen ihrer Bewohner. Der eigentliche Reiz des Buches liegt also in seiner erzählerischen Perspektive: Es ist nicht einfach nur der nächste Stadtführer, sondern es erzählt seine Geschichten über Menschen. Menschen, die eben wissen, was sich hinter scheinbar unscheinbaren Details verbirgt. Menschen, die dafür sorgen, dass dieses Wissen nicht verloren geht.

Diese Menschen und ihre Geschichten sind es, die Ihnen, liebe Leserinnen und Leser, auf den folgenden knapp 200 Seiten begegnen werden. Auch sie haben irgendwann entweder selbst die erste Frage gestellt, was es eigentlich mit einem Gegenstand oder einem Gebäude auf sich hat. Oder haben es sich von anderen erzählen lassen. Und wie Sie gemerkt, in welcher spannenden, geheimnisvollen, beziehungsreichen und vor allem lebenswerten Stadt sie leben. Und was kann es am Ende Schöneres geben als dieses Wissen, das Alteingesessene und neu Zugezogene miteinander verbindet?

Tauchen Sie also ein in die Geschichten und Geheimnisse Darmstadts und lassen Sie sich überraschen und den Blick weiten. Ich danke allen, die an der Entstehung dieses Buches mitgewirkt haben. Insbesondere natürlich den Autoren, aber auch allen, die ihnen mit Rat, Tat und Wissen geholfen haben.

Ich möchte schließen mit einem leicht abgewandelten Zitat des Drehermeisters Dummbach aus dem „Datterich": „Ich gehe nicht gerne dahin, wo man nichts Vernünftiges zu lesen bekommt." In Darmstadt steht das so schnell nicht zu befürchten.

Aber lesen Sie selbst.

Lars Hennemann
Chefredakteur *Darmstädter Echo*

Die Autoren

Eva-Maria Bast, Jahrgang 1978, ist Geschäftsführerin der Bast Medien GmbH. Sie initiierte und schreibt die Buchreihe *Geheimnisse der Heimat*, die 2011 startete, rasch zu einem Bestseller wurde und die 2019 in knapp 70 Bänden vorliegt.

Sie wurde für ihre Arbeit mehrfach ausgezeichnet, unter anderem erhielt sie für die Geheimnisse den Deutschen Lokaljournalistenpreis der Konrad-Adenauer-Stiftung. Eva-Maria Bast ist Dozentin an der Hochschule der Medien in Stuttgart und lebt am Bodensee.

Michael Kibler, Jahrgang 1963, ist in Heilbronn geboren. 1992 begann er im Bastei-Verlag für mehrere Heft-Reihen Romane zu schreiben. Den ersten Krimi *Madonnenkinder* veröffentlichte er 2005. Dem Team um Steffen Horndeich, das in der südhessischen Kleinmetropole Darmstadt – des Autors Wahl-Heimat – ermittelt, ist er bis heute in mehr als zehn Romanen treu geblieben. Kibler schreibt auch Sachbücher und hat schon einige Krimi-Kurzgeschichten veröffentlicht. Zudem arbeitet er als Texter und in der PR-Branche.

Kerstin Schumacher, Jahrgang 1981, ist seit 2011 Redakteurin der *ECHO* Zeitungen und arbeitet seit 2016 in der Lokalredaktion Darmstadt. Zuvor studierte sie Geschichte an der TU Darmstadt. Sie wirkte bereits an regionalen Buchpublikationen mit und verfasste Artikel für diverse Herausgeber, darunter Hintergründe und Reportagen für den Verlag *Spektrum der Wissenschaft*. 2012 wurde sie als Nachwuchs-Autorin mit dem Niebergallpreis ausgezeichnet. Kerstin Schumacher lebt mit ihrer Familie in Darmstadt.

01

Frosch

Klein, golden und sehr süß

Quaaaaak! Tag für Tag hockt der kleine goldene Frosch über dem Portal und starrt auf die vielbefahrene Hügelstraße herab. Beachtung findet er allerdings kaum – denn die Hügelstraße taugt nicht, um darauf zu flanieren, zu spazieren und in der Gegend herumzuschauen. Hier geht nur entlang, wer ein Ziel vor Augen hat, und der legt seinen Weg zielstrebig zurück. Zumindest gilt das für die meisten Menschen.

Es gibt allerdings eine Frau, Heide Bössler, die es sich seit ihrer Pensionierung zur Aufgabe gemacht hat, in der Stadt spazieren zu gehen und sich ihre Umgebung ganz genau anzusehen. Und da entdeckte sie ihn plötzlich, den wenig Beachteten. Er hockte da und guckte. Heide Bössler blieb stehen und guckte zurück. So verharrten sie eine Weile, die Frau und der Frosch. Aug in Auge. Die Darmstädterin wurde von der Neugier gepackt. Was hat der Frosch an dem Portal – übrigens das der Volksbank – verloren? „Zuerst dachte ich, dass vielleicht der Architekt oder der Baumeister Frosch hieß und sich so ein Denkmal setzen wollte", erzählt sie. Doch diese Fährte führte ins Leere.

Sie kontaktierte die Volksbank, die wiederum den im Ruhestand befindlichen, geschichtsinteressierten Kollegen Rainer Kumme fragte. Und der wusste es und lud Heide Bössler zu einem kleinen Ausflug in die Geschichte der Volksbank Darmstadt-Südhessen ein. Sie erfuhr, dass die 1862 gegründete damalige Darmstädter Volksbank seit dem Jahr 1890 ihren Sitz in der Hügelstraße hat. Und dass zunächst das Bankgebäude mit der Hausnummer 8 bis 10 erstellt wurde, dann folgte der Gebäudeteil in der Hügelstraße 12 bis 16 mit seinem markanten Eingangsportal, auf dem der Frosch sitzt. Es stellte sich heraus, dass Heide Bössler mit ihrer Vermutung, dass der Frosch hier in Stellvertretung für einen gleichnamigen Mann sitzt, recht hatte. Es war aber weder der Bankdi-

Heide Bössler hat den kleinen goldenen Frosch richtig liebgewonnen.

rektor noch der Architekt, der sich hier ein Denkmal setzen ließ, sondern der Steinmetz, der das kunstvolle Eingangsportal mit Schriftzug und Stadtwappen von Darmstadt gefertigt hatte. Was er den Vorbeigehenden mit der steingewordenen Form seines Namens kundzutun gedachte. In Gold!

Eva-Maria Bast

....

So geht's zum Frosch:

Er hängt über dem alten Sandsteinporteil der Volksbank, Hügelstraße 16.

02

Torbogensteine

Gerettet aus den Trümmern

DI 1680 – mit Müh' und Not kann man die Buchstaben und Ziffern noch erkennen, die mittig einen länglichen, gelben Sandstein zieren. Der wiederum ist Teil der Stadtmauer nördlich des Hinkelsturms, die in Richtung Landgraf-Georg-Straße und der Kneipe „Sausalitos" verläuft. An den Außenkanten des Steins sind außerdem je zwei weitere Ziffern eingeritzt. „Zusammengesetzt ergibt das die Jahreszahl 1623", weiß Dr. Peter Engels. In den Stadtmauerbögen links und rechts davon fallen ebenfalls solche Steine auf. Der Leiter des Stadtarchivs kennt freilich ihre Bedeutung: „Dabei handelt es sich um Hausmarken, auch Torbogensteine genannt." Sie dienten der Zierde, gaben aber auch Informationen preis. Wann wurde das Gebäude errichtet, wer lebte dort? Jede Familie hatte ihr eigenes Zeichen, das sie zur Kennzeichnung ihres beweglichen und unbeweglichen Besitzes verwendete. In der Regel waren die Hausmarken mittig über den Toren der Altstadthäuser angebracht. „Mancherorts sieht man sie an mittelalterlichen Gebäuden noch heute." Auch in Darmstadt hatte die Mehrheit der Häuser solch einen Torbogenstein. Doch woher stammen die genannten Exemplare und wie kommen sie in die Stadtmauer?

Hier hilft ein Blick auf die Geschichte Darmstadts. Die Altstadt im 19. Jahrhundert: ein Ghetto. Die Bebauung dicht, die Gassen verwinkelt, die Lebensqualität niedrig. Bis ins 18. Jahrhundert war Darmstadt kaum mehr als ein Bauerndorf. Der Wandel hin zum Städtischen vollzog sich erst im 19. Jahrhundert, als der Handel an Bedeutung gewann. „Wer konnte, ist weggezogen und hat sich in der damals moderneren Mollerstadt niedergelassen", sagt Engels. Die großzügig geplante Stadterweiterung entstand im Westen nach den Plänen des 1810 nach Darmstadt berufenen Architekten Georg Moller (1784-1852). Wer sich das nicht leisten konnte, wohnte weiter im kunterbunten Gewirr aus Gassen und Gossen, Häusern und Hofreiten, in dem

Ein geübtes Auge kann die Inschrift auf dem gelben Sandstein noch entziffern.

die Stadtmauer im Laufe der Zeit immer stärker Teil der Bebauung wurde. „Sie war so stabil gebaut, dass die Darmstädter sie als Hauswand genutzt haben." Allerdings erst, als ihre Funktion als Schutz und Grenze der Stadt nicht mehr nötig war.

An der engen Bebauung mit vorwiegend Fachwerkhäusern änderte sich im Grunde lange nichts – bis die Altstadt im Zweiten Weltkrieg zerstört wurde. Der erste gezielte Großangriff englischer Flieger auf Darmstadt legte am 23. September 1943 einen Teil der Altstadt in Schutt und Asche. Vollends zerstört wurde sie in der Nacht des 11. September 1944 bei einem weiteren als Brandnacht in die Geschichte eingegangenen britischen Luftangriff. Die Engländer hatten das Gebiet als Kernziel ausgewählt, bestanden in der Altstadt doch die meisten Häuser aus Holz – aus Sicht der Angreifer ideale Brennmasse für einen Feuersturm. Die Rechnung ging auf: Der Stadtkern wurde nahezu vollständig zerstört. Von den Gassen und Gebäuden blieb nichts übrig. Lediglich einige Häuser nahe der „Krone" überstanden den Luftangriff unbeschadet, der Rest: eine Trümmerwüste. Darin lagen auch die Torbogensteine. Relikte der Vergangenheit, die in den Ruinen zu verschwinden drohten.

Peter Engels, Leiter des Stadtarchivs, hat die Geschichte hinter dem Torbogenstein recherchiert.

Die Stadtmauer dagegen hielt dem Bombenhagel zum größten Teil stand. Jedoch hatten die Häuslebauer des 18. und 19. Jahrhunderts viele Fenster, Türen und Durchgänge hineingebrochen. Im Mittelalter verlief die Mauer zwischen den beiden Stadttoren im Süden und im Norden. Das Bessunger Tor befand sich am heutigen Pädagog, das Arheilger Tor nahe dem „Darmstadtium". „Reste davon sind in den Bau des Kongresszentrums integriert worden", sagt Engels (siehe Geheimnis 42). Ein weiterer Teil befindet sich ein wenig weiter östlich an der Erich-Ollenhauer-Promenade und das große Stück mit den Torbogensteinen säumt eben den Fußweg zwischen Hinkelsturm und „Sausalitos".

Der Magistrat ließ 1952 den Stadtkern von den Trümmern räumen und beschloss im gleichen Zuge, diesen Teil der Stadtmauer wieder-herzustellen. Die Mauer wurde also an ihrem oberen Ende begradigt und abgedichtet und die Fenster und sonstigen Lücken geschlossen. Anlässlich des Heinerfests im Jahr darauf wurde die Mauer mit der gesamten Altstadtanlage feierlich eröffnet. Der Clou: Die drei Torbo-gensteine sind beim Verschluss der Lücken in der Stadtmauer verwen-det worden. Ermöglicht hatte das eine Kunsthistorikerin namens Ella Veith. „Sie war 1949 durch die Ruinen geklettert, hat die Steine ent-deckt und so gerettet", erklärt der Stadtarchivar.

Allen Kriegswirren zum Trotz blieben überdies Verzeichnisse alter Darmstädter Torbogensteine erhalten. „In den 1920ern hatte sich jemand die Mühe gemacht, die auch Schlusssteine genannten Hausmar-ken zu notieren", erklärt Peter Engels, dem anhand dessen die Bestimmung ihrer Herkunft gelang. Der älteste und interessanteste der drei Steine ist der eingangs erwähnte mit der

„In den 1920ern hatte sich jemand die Mühe gemacht, die auch Schlusssteine genannten Hausmarken zu notieren."

Inschrift *IDI 1680* beziehungsweise der Jahreszahl *1623*. „Der gehörte ursprünglich zu einer klassischen Hofreite in der Langgasse 29, der einstigen Haupt- und Durchfahrtstraße", hat der Historiker herausge-funden. Die Buchstaben *IDI* sind die Initialen von Johann Daniel Jaup. Der Hofglasermeister stammte aus einer alteingesessenen Darmstäd-ter Familie – sein Ur-Ur-Enkel war der hessische Ministerpräsident Carl Jaup. Johann Daniel Jaup kaufte das Haus 1680 und setzte seine Initialen samt Jahresangabe in die Mitte.

Doch wie passt dann die Jahreszahl 1623 ins Bild? „Der ursprüng-liche Hausbesitzer war ein anderer", vermutet Engels. Das Gebäude wurde wohl 1622 während des Dreißigjährigen Krieges zerstört. Die-ser dauerte von 1618 bis 1648 und hatte gravierende Folgen für die Bevölkerung in Darmstadt und den umliegenden Dörfern. Bis zu 80 Prozent der Einwohner starben – niemals zuvor und niemals danach wurden hier so viele Menschen Opfer von marodierenden Soldaten, Seuchen und Hunger. Seinen Ursprung nahm der Krieg am 23. Mai 1618 mit dem Prager Fenstersturz. Schauplätze der Auseinandersetzungen waren bis 1621 überwiegend Süddeutschland und Böhmen. Nach Südhessen kam der Krieg erst mit dem Grafen Ernst von Mansfeld. Der zog im Frühjahr 1622 aus der Pfalz nach Norden und fiel Anfang Juni mit 18.000 Fußsoldaten und mehr als 5.000 Reitern in die Landgrafschaft Hessen-Darmstadt ein. „Der Mansfeldische Einfall war die erste Heimsuchung Darmstadts im Dreißigjährigen Krieg", sagt Engels. Der Graf nahm die Stadt ein und zerstörte eine ganze Reihe von Häusern, darunter wohl auch die Hofreite an der Langgasse 29. „Im Jahr 1623 hat jemand das Haus wieder aufgebaut und dies im Torbogenstein vermerkt." In der Mitte befanden sich sicher auch seine Initialen. „Doch die hat Johann Daniel Jaup nach dem Hauskauf einfach getilgt und seine eigenen in die Mitte gesetzt", merkt der Stadtarchivar an.

„Es ist faszinierend, was so manches Relikt aus der Vergangenheit erzählt."

Kleiner Stein, große Geschichte. „Es ist faszinierend, was so manches Relikt aus der Vergangenheit erzählt."

Kerstin Schumacher

....

So geht's zu den Torbogensteinen:

Sie sind in der westlichen Seite der Stadtmauer verbaut, die den Fußweg zwischen Hinkelsturm und „Sausalitos" säumt.

Ulrike Vogel neben dem Relief von Philipp Handschuh, der sich
sehr um das Landesmuseum verdient gemacht hat.

03

Steinkopf
Das grimmige Antlitz

Wandelt man entlang der Stirnseite des Hessischen Landesmuseums und fühlt sich beobachtet, so muss das
nicht unbedingt an der Neugierde der Mitmenschen
liegen. Ein Blick nach oben macht deutlich: Auch von
dort aus schauen Köpfe mit starrem Blick auf uns herab. Über jedem
der drei Risalite – also jene aus der Fassade nach vorn herausragenden
Gebäudeteile – bemerkt der Betrachter einen in Stein gemeißelten
Kopf. Sie blicken über den Fenstern auf den Betrachter hinunter.

Ulrike Vogel, die seit 2016 die Stabsstelle Museumsgeschichte des
altehrwürdigen Hauses vertritt, weiß, wer sie erschaffen hat: „Der
berühmte Darmstädter Bildhauer Ludwig Habich (1872-1949) formte
einst drei Köpfe", erzählt sie und lächelt den Steinernen zu. Zwei der
Köpfe lächeln zurück – oder blicken zumindest freundlich drein. Nicht
so der dritte: Die Physiognomie des rechten Kopfes ist jene eines älte-

ren Mannes, der recht ernst auf den Platz hinunterschaut. Er wirkt wie ein brummiger Hausmeister. Und auch die bildhauerische Handschrift Ludwig Habichs – der ja keine konkreten Menschen porträtierte, sondern zumeist ästhetische Ideale formte – will sich nicht so recht erkennen lassen.

„Das mit dem Hausmeister stimmt tatsächlich", lüftet Ulrike Vogel das Geheimnis. „Der abgebildete Herr heißt Philipp Handschuh. Er war der Hauswart des Hessischen Landesmuseums. Sein Porträt zeigt ihn als fast 70-Jährigen." Der Gestalter des Konterfeis war denn auch nicht Ludwig Habich, sondern der Bildhauer Ludwig Wälke (1920-1982) er arbeitete den Kopf nach der Vorlage seines Kollegen Adam Antes (1891-1984), ebenfalls Bildhauer und Mitglied der Darmstädter Sezession (siehe Geheimnis 19). Denn das Original von Habich, im Stil der beiden anderen Reliefs, wurde in der Brandnacht vom 11. September 1944 zerstört, jener Nacht, in der britische Bomber die Darmstädter Innenstadt in Schutt und Asche legten.

Dieses Relief entspricht nicht ganz dem Ideal des Jugendstils.

Philipp Handschuh wurde 1883 in Niedernhausen im heutigen Landkreis Darmstadt-Dieburg geboren. Mit 35 Jahren heiratete er und zog später mit seiner Gattin buchstäblich ins Landesmuseum ein: Dort war er zunächst als Heizer tätig, bevor er 1934 als Hausverwalter und später als Betriebsassistent arbeitete. Wie zu jener Zeit üblich, bewohnte er eine kleine Dienstwohnung im nordöstlichen Teil des Erdgeschosses. Doch wie kommt ausgerechnet ein Hausmeister dazu, an der Fassade seines Museums verewigt zu werden? Ulrike Vogels Gesichtsausdruck wird ernst, als sie sagt: „Er hat es wahrlich verdient! Denn ohne ihn wäre das Landesmuseum um zahlreiche unwiederbringliche Kunstschätze ärmer."

Die Erklärung für solch ein Lob liegt ebenfalls in den Ereignissen der Brandnacht begründet. Auch das Landesmuseum wurde bei dem Angriff schwer getroffen und größtenteils zerstört. Brandbomben entfachten großflächig Feuer. Ein Teil der Exponate war zu diesem Zeitpunkt bereits ausgelagert, jedoch bei weitem nicht der gesamte Bestand. Da krempelte Philipp Handschuh die Ärmel hoch und rettete, was an Kunst- und Kulturschätzen zu retten war – jedoch nichts vom eigenen Hab und Gut aus seiner Wohnung. Dies überließ er den Flammen, um stattdessen die wertvollen Ausstellungsstücke in Sicherheit zu bringen.

„Bereits 1952 erhielt Handschuh dafür das Bundesverdienstkreuz", erklärt Ulrike Vogel. Gegen Ende der Wiederaufbauarbeiten des Museums ließ der damalige Museumsdirektor Dr. Erich Wiese 1959 Handschuhs Konterfei an der Fassade anbringen, an der der ursprüngliche Kopf ja zerstört worden war. Handschuh selbst war damals schon lange pensioniert, arbeitete jedoch immer noch ehrenamtlich im Museum.

„Es muss für solch einen bescheidenen Mann schon ein komisches Gefühl gewesen sein, während seiner letzten Lebensjahre an der Fassade zu sich selbst aufblicken zu können", schmunzelt Ulrike Vogel. „Aber ich finde es eine schöne und richtige Entscheidung, auf diese Art einen Menschen zu ehren, der für den Erhalt der Kunst mitverantwortlich zeichnet und ohne den zahlreiche Teile der Ausstellungen schlicht verbrannt wären." Auch wenn er noch so brummig dreinschaut.

Michael Kibler

So geht's zum Steinkopf:

Das Hessische Landesmuseum steht am Friedensplatz 1. Der Kopf hängt an der Fassade rechts.

04

Kastanienallee
Der Landgraf mit dem weißen Hirsch

Das Bild, das vor dem inneren Auge erscheint, wenn Arnulf Rosenstock diese Geschichte erzählt, wirkt ein wenig absurd, fast so, als sei es einem Märchen entsprungen, doch dieses Bild war einstmals Realität: eine Kutsche. Davorgespannt: sechs weiße Hirsche. Darin: ein prachtvoll gekleideter Ludwig VIII. von Hessen-Darmstadt (1691-1768), der seinen Untertanen huldvoll zuwinkt, derweil die Hirsche seine Kutsche, genannt Equipage, durch die eigens für den Fahrweg des Fürsten gepflanzte Kastanienallee befördern. „Allein schon der Aufwand, Hirsche, die ja eigentlich Wildtiere sind, leinenführig zu machen und sie dazu zu bringen, vor einer Kutsche zu gehen!", sagt der ehemalige Forstamtsleiter Arnulf Rosenstock kopfschüttelnd.

Von der Kastanienallee, die angelegt wurde, um den zwischen dem Zeughaus und der Stadt verlaufenden Repräsentationsweg zu säumen, sind vor dem einstigen Zeughaus noch einige wenige Bäume zu sehen. „Das war im Grunde das Ende der Allee", erklärt Rosenstock. Mit der Hirschkutsche in die Stadt zu fahren, war nicht die einzige Extravaganz, die Ludwig sich erlaubte – der Landgraf führte ein Leben auf großem Fuße und ließ sich so manche Besonderheit einfallen – darunter Dinge, die merkwürdig und andere, die durch und durch sinnvoll anmuten. So zeichnete der älteste Spross des Landgrafen Ernst Ludwig von Hessen-Darmstadt (1667-1739) und Ehegatte der wohlhabenden Charlotte von Hanau (1700-1726) zum Beispiel einerseits für die Darmstädter Straßenbeleuchtung verantwortlich, war andererseits aber auch ein großer Gegner des Kaffeetrinkens. Das führte dazu, dass er es seinen Untertanen teilweise verbot. „Auf dem Lande durfte, dieser Ordnung zufolge, gar kein Kaffee mehr getrunken werden, ja es wurde sogar jeder gestraft, bei dem man Kaffeegeschirr fand", schreibt Philipp Alexander Ferdinand Walther in seinem 1865 erschienenen Buch *Darmstadt wie es war und wie es geworden*. Der Autor zitiert aus

Arnulf Rosenstock weiß: Hier fuhr einst eine von weißen Hirschen gezogene Kutsche entlang.

der Verordnung, in der es heißt: „In Städten mögen zwar diejenigen Bürger, welche in dem Ansehen und Vermögen stehen, daß sie von dem eingerissenen Mißbrauch des Caffee, sich dessen ohne Anstoßes bedient, solchen ferme mäßig gebraucht. Es soll aber dahier in Unserer Residenz Darmstadt die von Uns angeordnete Polizeydeputation auf die geringere und unvermögende Burger genaue Obacht nehmen, sie von ihrem in allem Betracht zum Verderben gereichenden Caffeegetränk nachdrücklich abmahnen und bey verspürendem Missbrauch die Uebertreter nach Befinden zur Strafe bringen". Weiter heißt es in der Verordnung: „Und gleichwie Unsere Intention vornehmlich mit dahin gerichtet ist, daß dem in Städten von denen Handwerksgesellen, Taglöhnern und dem Gesinde mit vielem Zeitverlust betriebenen Unfuge des Caffeetrinkens völlig abgehoben werde, also sollen sich auch diese sothanen Getränks in Zukunft für ihre Person gänzlich enthalten."

Sinnvoller erscheint hingegen seine im Jahr 1742 erlassene Trauerordnung, in der genaue Vorschriften gemacht wurden, wer seine Toten wie einzukleiden hatte. Der Grund ist nachvollziehbar: „Als Motiv ihres Erlasses ist in der Einleitung der große Luxus bezeichnet, welcher bei Todesfällen getrieben werde, durch den besonders Wittwen und Waisen in Armuth gestürzt und die Vermögenden in unnötige große Ausgaben gesetzt würden." Die erste Klasse zum Beispiel, zu der die „sämmtliche von Adel" gehörten, hätten „ihre Todten in Atlast und Damast kleiden" dürfen, die vierte Klasse, nämlich „die übrigen Bedienten wie auch die Bürger

Die Kastanienbäume erinnern an die einstige Direttissima zwischen Jagd- und Stadtschloss.

und alle andere […] in ein bloßes Hemd oder Todtenkleid von geringer Leinwand."

Ludwig nahm aber auch auf die Kleidung seiner lebenden Untertanen Einfluss und verbot das Tragen gewisser Farben. Walther schreibt: „Es war unter Ludwig VIII. zur Mode geworden unter den Civildienern, sich Kleidungen machen zu lassen, welche einer und der andern Uniform von Officieren und Jagdbedienten ähnlich waren. Der Landgraf sah sich deshalb veranlaßt, im Jahre 1751 das Tragen von rothen, weißen, blauen und grünen Röcken überhaupt zu verbieten, weil diese Farben bei den verschiedenen eingeführten Dienstkleidungen in Anwendung kamen. Später wurde das Tragen von blauer Kleidung wieder zugegeben, in Anbetracht dessen, daß die blaue Farbe diejenige sei, welche im ganzen Lande getragen zu werden pflege."

Das klingt nach einem egomanischen Mann, der sich ständig nur um sich selbst dreht. „Tatsächlich war Ludwigs Wesen geprägt von einer absolutistischen Haltung, was sich in einer aufwendigen Hofhaltung und einer entsprechenden Steigerung der Schuldenlast niederschlug, aber er hat auch sehr viel für Darmstadt erreicht und getan. Er baute zum Beispiel ein Spinnhaus und ein Waisenhaus und war ein großer Förderer der Künste, besonders des Hoftheaters", ordnet Arnulf Rosenstock ein. Für all das aber gab er viel Geld aus, was den Staatshaushalt in Schieflage brachte. Unsummen verschlang seine Leidenschaft für die Parforcejagd, die mit der Grund ist, dass sich Ludwig meistens auf seinem Jagdschloss Kranichstein aufhielt. „Während der Landgraf in Kranichstein residirte, lag ein 30 Mann starkes Commando vom Leibgrenadier-Corps daselbst, welches im Munde des Volks ,das Corps der Brühfleischesser' Darmstädtisch: Brieflaschfresser hieß, weil es aus der Hofküche gut gepflegt wurde", schreibt Walther. Auch die Kapuziner seien häufige Gäste gewesen. Durch „Spendirungen aus der Hofküche" sei er für sie

„Tatsächlich war Ludwigs Wesen geprägt von einer absolutistischen Haltung, was sich in einer aufwendigen Hofhaltung und einer entsprechenden Steigerung der Schuldenlast niederschlug, aber er hat auch sehr viel für Darmstadt erreicht und getan."

ein wichtiger Wohltäter geworden, im Gegenzug hatten sie „sein Bild-niß in ihrem Kloster hängen". Großzügigkeit legte der jagdverrückte Fürst auch seinen Jägern gegenüber an den Tag. Er ließ Münzen prä-gen, Hirschdukaten, auf denen auf beiden Seiten ein Hirsch abgebildet war und auf dem stand: *Durch die Dukaten ward ich verrathen und Hirschgulden,* sowie: *Ach wie arme Hörnerträger haben wider Willen Schwäger.* Auch Saugulden und Saudukaten gab es. Selbige verteilte Ludwig zum Beispiel dann, wenn er erfolgreich ein Tier erlegt hatte, an die Jäger, die ihn dabei in irgendeiner Weise unterstützt hatten. Über seine Kutsch-ausfahrten schreibt Walther: „Zuweilen, wenn der Land-graf von Kranichstein nach Darmstadt kam, fuhr er in einem Cabrio-let, welches von einem kräftigen Hirsche gezogen wurde. Er hatte sogar ein Sechsgespann von Hirschen, welche dazu abgerichtet waren, sei-nen Wagen zu ziehen. An der Seite des vordersten Hirsches pflegte ein Vorreiter auf einem Pferde das Gespann zu lenken."

Auch wenn die weißen Hirsche sicherlich lieber etwas anderes getan hätten, als die Kutsche des Herrschers durch eine Kastanienallee zu lenken: Immerhin kamen sie mit dem Leben davon. Anders als die zahlreichen anderen Tiere, die Opfer der Jagdleidenschaft Ludwigs VIII. wurden.

Eva-Maria Bast

....

So geht's zur Kastanienallee:

Die Kastanien stehen vor dem Zeughaus, Kranichsteiner Straße 253.

Dr. Bernhard Bremberger hat die Geschichte der Steintafel recherchiert. Eindeutig zu erkennen ist, dass Textteile aus der Tafel getilgt wurden.

05

Steintafel

Ein unerfreulicher Gruß

Wer die Turnhalle des TV 1876 vom Eingang der Eberstädter Marktstraße aus betritt, wird von Hitler begrüßt – beziehungsweise von einem Zitat des einst obersten deutschen Nationalsozialisten. Wie es zu dieser unerfreulichen Angelegenheit kam, hat Dr. Bernhard Bremberger in mühevoller Kleinarbeit recherchiert. Der Kulturhistoriker ist in Eberstadt aufgewachsen, zog aber 1972 zum Studium nach Berlin. Anfang des Jahrtausends arbeitete er in der Entschädigungsbehörde des Landes Berlin. „2001 war die Entschädigung ehemaliger Zwangsarbeiter ein größeres politisches Thema", erklärt Bremberger. „Uns erreichten viele

Anfragen von Betroffenen, die einen Nachweis über ihre Tätigkeit in den verschiedenen Lagern brauchten." Um das Jahr 2003 erhielt er den Brief eines Ukrainers. Der Mann gab an, als Zwangsarbeiter in einem Lager in der Eberstädter Turnhalle untergebracht gewesen zu sein. Ein Schlüsselmoment für Bremberger. „Da habe ich zum ersten Mal gehört, dass die Turnhalle ein solches Lager gewesen war." Geschockt hat ihn das nicht, aber berührt. „Ich kenne die Jahnturnhalle seit meiner Jugend vom Sport und von geselligen Veranstaltungen wie Fastnacht."

„Da habe ich zum ersten Mal gehört, dass die Turnhalle ein solches Lager gewesen war. Ich kenne die Jahnturnhalle seit meiner Jugend vom Sport und von geselligen Veranstaltungen wie Fastnacht."

Seitdem lässt ihn die Geschichte der Jahnturnhalle nicht mehr los. Bremberger begann zu recherchieren, befragte seine alten Kontakte in der Heimat. Aber: „Keiner wusste etwas." Dennoch war der Kulturhistoriker entschlossen, die Nutzung der Halle als Lager zu recherchieren und sein über Jahre in Berlin erworbenes Wissen auf die Heimat anzuwenden. Er hat alte Zeitungsbände durchforstet und sich Akten aus der Eberstädter Verwaltung vorgenommen – letztlich mit Erfolg. „Zumindest für die letzten Kriegsmonate lässt sich einiges aus den Akten rekonstruieren", weiß Bremberger inzwischen. „In der Brandnacht am 11. September 1944 wurde offenbar in der Innenstadt ein Zwangsarbeiterlager zerstört, und für die dort untergebrachten Polen suchte man eine neue Bleibe." Und so waren vom 13. September bis 12. Dezember 1944 rund 60 polnische Bürger in Eberstadt gemeldet. „Für wen sie arbeiten mussten und wohin sie anschließend gebracht wurden, wird noch erforscht." Brembergers Recherchen haben weiter ergeben, dass nach dem Auszug der Polen 16 Zwangsarbeiter aus der Ukraine und Russland in die Turnhalle einzogen. Sie blieben vom 22. Dezember 1944 bis zum 10. Februar 1945. „Die Männer und Frauen waren zwischen 17 und 49 Jahren alt und bei der Reichsbahn beschäftigt." Bremberger kennt ihre Namen. Doch auch für sie war Eberstadt nur eine kurze Zwischenstation auf dem Weg zu anderen Orten der Zwangsarbeit. Für den 49-jährigen Petro Kartaschow war hier allerdings Endstation. „Er starb einem Eintrag im Standesamt zufolge am

3. Februar 1945 in der Turnhalle an offener Lungentuberkulose, einer ansteckenden Seuche", erzählt Bremberger. Vom 16. Februar bis zum 24. März 1945 belegte dann die Luftwaffe die Turnhalle. „Außerdem diente, offenbar ab 15. Oktober 1944 bis zum Kriegsende, ein Teil der Halle als Unterkunft für das Reserve-Lazarett I."

Im Frühsommer 2018 stattete Bremberger der Halle schließlich einen Besuch ab, um seine Recherchen vor Ort weiterzuführen. Im Eingangsbereich sind ihm dabei zwei Sandsteintafeln aufgefallen – und vor allem, dass auf einer von ihnen einige Textreihen getilgt wurden. Verbarg die Halle etwa ein weiteres Geheimnis? Bremberger schaute sich die Tafeln daraufhin ganz genau an. Die Gedenktafel an der linken Wand erinnert an die im Ersten Weltkrieg gefallenen Eberstädter. Die einleitende Inschrift der Steintafel an der Wand gegenüber ist unvollständig und beginnt folgendermaßen: *Mit Gott für Volk und Vaterland. Opferbereite Turnbrüder konnten in schicksalsschwerer Zeit den Bau dieser Turnstätte beginnen und in dankbarer Freude.* Der Rest ist heute nicht mehr zu sehen. Im Anschluss finden sich die folgenden drei, noch heute lesbaren Zitate: *Deutsche Einheit war der Traum meines Lebens, das Morgenrot meiner Jugend, der Sonnenschein der Muskelkraft und ist jetzt der Abendstern, der mir zur ewigen Ruhe leuchtet. Turnvater Friedrich Ludwig Jahn.* Darunter heißt es: *Die Treue ist das Mark der Ehre.* Unterschrieben ist der Ausspruch mit *Reichspräsident und Generalfeldmarschall von Hindenburg.* Und darunter

Noch heute werden die Besucher der Halle unwissentlich von einem Hitler-Zitat begrüßt.

wiederum steht geschrieben: *Höchstes Ideal ist uns der Menschentyp der Zukunft, in dem strahlender Geist sich findet im herrlichen Körper.* Der Urheber jedoch wurde aus dem Stein herausgekratzt. Das spornte Bremberger freilich an. „Ich wollte unbedingt wissen, was es damit auf sich hat."

Die Geschichte der Eberstädter Turnhalle beginnt am 28. Januar 1932 mit ersten Bauarbeiten. Errichtet wurde das Gebäude vor allem für sportliche Zwecke. „Das verwendete Material stammte von einer alten Steinbaracke auf dem Griesheimer Truppenübungsplatz", so Bremberger. Nach zwei Jahren Bauzeit konnte der TV 1876 seine Halle einweihen. Wie die *Eberstädter Zeitung* aus dieser Zeit berichtete, waren die Feierlichkeiten Ende Januar 1934 – fast genau ein Jahr nach der Ernennung Adolf Hitlers zum Reichskanzler – pom-

„Das verwendete Material stammte von einer Steinbaracke auf dem Griesheimer Truppenübungsplatz."

pös und voller Nazi-Symbolik. So gab es „flatternde Fahnen und Girlanden [...], große Bilder des Reichspräsidenten von Hindenburg und unseres Volkskanzlers Adolf Hitler". Freilich wehte auch eine Hakenkreuz-Fahne, Gesangs- und Sportvorführungen wurden von Klängen der ortsansässigen SA-Kapelle begleitet. Grußworte sprach dem Reporter zufolge „der Führer des Vereins, Bildhauer Heinrich Dieter, auf dessen Initiative der Turnhallenbau zurückgeht".

Anlässlich der Hallenweihung hat Dieter auch die Tafeln feierlich enthüllt. „Beide dürften aus seinem Steinmetzbetrieb stammen", vermutet Bremberger. Der Bildhauer wies in der Eröffnungsansprache nicht nur auf die im Weltkrieg gefallenen Kameraden hin, sondern auch auf „die gewaltige Aufgabe, die der deutschen Turnerschaft im neuen Staate auf die Schultern gelegt ist und die zu erfüllen nach dem Willen unseres Volkskanzlers Adolf Hitler Turnerpflicht ist". In der *Eberstädter Zeitung* ist neben den drei oben genannten Zitaten auch die einleitende Inschrift abgedruckt. Vollständig lautet der Spruch *Mit Gott für Volk und Vaterland. Opferbereite Turnbrüder konnten in schicksalsschwerer Zeit den Bau dieser Turnstätte beginnen und in dankbarer Freude im ersten Jahr des nationalen Aufbruchs vollenden. Möge der Geist unserer Führer allzeit segensreich an dieser Stätte walten.* Eindeutig ein Hinweis auf die allgemeine nationalsozialistische Gesinnung zur Zeit des Hallenbaus.

Und die *Eberstädter Zeitung* verrät schließlich auch den Urheber des letzten Zitats: Der Ausspruch stammt von Adolf Hitler selbst und ist Teil einer Rede, die er 1933 anlässlich des Deutschen Turnfestes in

Stuttgart gehalten hatte. Vollständig lautet es: *Im Dritten Reich gilt nicht nur das Wissen, sondern auch die Kraft, und höchstes Ideal ist uns der Menschentyp der Zukunft, in dem strahlender Geist sich findet im herrlichen Körper, auf dass die Menschen über Geld und Besitz wieder den Weg zu idealen Reichtümern finden."*

Beide Gedenktafeln überstanden den Krieg unbeschadet. „Doch die Sprüche des Steins an der rechten Wand fanden später verständlicherweise das Missfallen der Bevölkerung", erklärt Bremberger. Anfang Juni 1948 verlangte der Darmstädter Oberbürgermeister die Entfernung dieser „nazistischen und militaristischen Symbole" und setzte den Verantwortlichen eine Frist von drei Monaten. Im November 1948 meldete die Sport- und Kulturgemeinde Eberstadt, die entsprechende Schrift sei entfernt worden. Bildhauer Dieter habe die Änderungen vorgenommen – ausgerechnet jener Vereinsführer, der sie seinerzeit eingeweiht und feierlich enthüllt hatte. Allerdings hat er längst nicht alles getilgt, sondern lediglich Teile der einleitenden Widmung und den Namen von „Volkskanzler Adolf Hitler". Und so kommt es, dass die Besucher der Halle noch heute unwissentlich von einem Hitler-Zitat begrüßt werden.

„Doch die Sprüche des Steins an der rechten Wand fanden später verständlicherweise das Missfallen der Bevölkerung."

Kerstin Schumacher

....

So geht's zur Steintafel:

Die Jahnturnhalle befindet sich an der Eberstädter Marktstraße 7. Der Stein hängt im Eingangsbereich rechts an der Wand, gegenüber befindet sich eine Gedenktafel mit Namen von Opfern aus dem Ersten Weltkrieg.

06

Melita-Brunnen
Zeugnis einer missglückten Ehe

Die Umfassung des Brunnens am Fuße des Prinzenbergs datiert auf 1894. Und hört man heute seinen Namen, denkt man zunächst an eine Kaffeemarke: Doch der Melita-Brunnen geizt mit einem zweiten „t" und hat mitnichten etwas mit dem Bohnensud zu tun.

Als die Einfassung errichtet wurde, war der Brunnen aus Darmstädter Sicht tatsächlich ein „Brunnen vor dem Tore". „Eberstadt war damals noch eigenständig und wurde erst 1937 – unfreiwillig! – Stadtteil von Darmstadt", erklärt Ludwig Achenbach, gebürtiger Eberstädter und wandelndes Lexikon, was die Geschichte der ehemals autarken Gemeinde angeht.

Das Datum des Brunnenbaus gibt einen Hinweis darauf, was es mit dem Namen auf sich haben könnte. Denn das Jahr 1884 war ein wichtiges Jahr in den Annalen des Großherzogtums Hessen-Darmstadt: Großherzog Ernst Ludwig (1868-1937) vermählte sich mit Prinzessin Victoria Melita von Sachsen-Coburg und Gotha (1876-1936). „Das war wahrlich keine Liebesheirat", beteuert Ludwig Achenbach. „Die Fäden im Hintergrund hat keine Geringere gezogen als Königin Victoria von England." Womit sich die Frage stellt, was die seinerzeit 75-jährige Herrscherin über ein Weltreich mit dem kleinen Herzogtum in Hessen zu tun hat. Die Antwort darauf weiß Achenbach ebenfalls: „Braut und Bräutigam waren beide Enkel der Königin. Und zudem Cousin und Cousine ersten Grades: Seine Mutter Alice und ihr Vater Alfred waren Geschwister." Und sowohl für Melita als auch für Ernst Ludwig war es an der Zeit, eine Ehe einzugehen und für blaublütigen Nachwuchs zu sorgen. So der Plan von Königin Victoria, die auch bei ihren anderen Enkeln vehement in die Urenkel-Planung eingegriffen hatte.

Knapp ein Jahr nach der Hochzeit kam denn auch Tochter Elisabeth auf die Welt. Doch die arrangierte Ehe stand unter keinem guten Stern.

Ludwig Achenbach bei seinem Lieblingsbrunnen, der für ein wichtiges Kapitel der hessischen Geschichte steht.

Zumal Melitas Herz einem anderen gehörte, nämlich dem Großfürsten Kyrill Wladimirowitsch Romanow (1876-1938), ebenfalls ein Cousin ersten Grades, den sie bereits vor der Hochzeit mit Ernst Ludwig kennengelernt hatte. Da nach russischem Hausrecht eine Heirat zwischen Cousin und Cousine ersten Grades verboten war, untersagte Königin Victoria jede weitergehende Verbindung. Zudem standen Ernst Ludwigs homoerotischen Neigungen einem harmonischen Eheglück mit Melita im Weg.

Nichtsdestotrotz: Wie seinerzeit üblich, wurden Vereine, Einrichtungen und auch markante Punkte im Stadtgebiet nach der Großherzogin benannt. „Der Melita-Brunnen kam so zu seinem Namen, ebenso der Victoria-Melita-Weg entlang der Südseite der Mathildenhöhe", erklärt Ludwig Achenbach. 1901 überschlugen sich die Ereignisse, die Ende des Jahres in einer Scheidung mündeten. „Im großherzoglichen Ambiente soll das Geschirr zwischen den Eheleuten geflogen sein, erzählten sich gerüchteweise die alten Darmstädter", sagt Achenbach. Eine Scheidung war jedoch ein fast ungeheuerlich zu nennender Vorgang in Adelskreisen. Und wäre sicherlich undenkbar gewesen, hätte Königin Victoria zu diesem Zeitpunkt noch gelebt.

Geschichtsträchtig und bestes Wasser spendend: Der Melita-Brunnen in Eberstadt.

Knapp zwei Jahre nach der Scheidung beschloss die Stadtverordnetenversammlung, sämtliche Orte, die namentlich an die ehemalige Großherzogin erinnerten, umzubenennen. „Heute noch sichtbares Zeichen dafür ist die Umbenennung des Victoria-Melita-Weges in Prinz-Christians-Weg", so Achenbach. „Nur den Melita-Brunnen, der damals ja weit außerhalb des

Stadtgebiets lag, den hat man schlichtweg vergessen oder ignoriert. Vielleicht, weil er eben nicht zu Darmstadt gehörte."

Melita hat ihren Kyrill schließlich doch noch geheiratet, 1905, zwei Jahre nach dem Tod ihrer Tochter. Die Hochzeit mit Melita kostete Bräutigam Kyrill zunächst all seine königlichen Privilegien und militärischen Titel. Auch Ernst Ludwig heiratete 1905 erneut, Eleonore zu Solms-Hohensolms-Lich (1871-1937). Diese Ehe hielt bis zu Ernst Ludwigs Tod im Oktober 1937.

Und doch scheint der Brunnen allen negativen Schwingungen seiner Namensgebung aus der Vergangenheit zu trotzen, denn das Wasser gilt als besonders weich, gesund und wohlschmeckend: „Der Melita-Brunnen sprudelt im Quellgebiet des Hetterbachs. Immer wieder sieht man Menschen, die hier ihre Trinkflaschen auffüllen oder sogar mit Fahrrad und Anhänger herkommen, um das Wasser zum Trinken, für Kaffee oder Tee in Kanister abzufüllen", freut sich Ludwig Achenbach über den Brunnen, der „an einem der schönsten Flecken" in seiner Heimat steht, wie er beteuert.

„Nur den Melita-Brunnen, der damals ja weit außerhalb des Stadtgebiets lag, den hat man schlichtweg vergessen oder ignoriert."

Michael Kibler

....

So geht's zum Melita-Brunnen:

Der Melita-Brunnen steht im Viereicher Weg, südlich des Prinzenbergs.

Steinmetzzeichen
Für die Ehre und für den Geldbeutel

Manchmal lohnt es sich, den Blick nach oben zu richten. Dass sich hier gerade in Kirchen oft viel entdecken lässt, ist gemeinhin bekannt und auch in der Stadtkirche mit dem prachtvollen Netzgitter am Deckengewölbe ist ein visueller Spaziergang zu empfehlen. Wer dabei ganz genau hinsieht, wird im vorderen Schlussstein (siehe Geheimnis 31) ein merkwürdiges, runenartiges Zeichen entdecken. Dr. Ralf Köbler weiß, was es damit auf sich hat. „Das ist ein Steinmetzzeichen", sagt der Kirchenvorstand der evangelischen Stadtkirchengemeinde. Die Signatur desjenigen Künstlers also, der den Schlussstein geschaffen hat. „Dieses Steinmetzzeichen gibt es in der Region öfter, zum Beispiel auf der 1526 datierten Steinkanzel in Brensbach im Odenwald. Es wird der Familie Wernher aus Erbach zugeordnet. Da diese in der Mitte des 16. Jahrhunderts wirkte, gehen wir davon aus, dass der Chorraum in dieser Zeit gestaltet wurde."

Solche Steinmetzzeichen sind, in deutlich kleinerer Form, auch häufig an mittelalterlichen Mauerwerken zu finden. In diesen Fällen signierten die Handwerker aber nicht, um der Welt stolz zu verkünden, dass sie diesen Stein gehauen hatten – so, wie das die Steinmetzfamilie Wernher am Schlussstein tat –, nein, die kleinen runenartigen Einritzungen hatten noch einen ganz anderen, praktischen Zweck: Sie dienten der Abrechnung. Ein Steinmetz stapelte die Quader, die er behauen hatte, und versah die obere Reihe mit seinem Zeichen. So konnte der Meister am Zahltag genau erkennen, welcher Stapel zu welchem Arbeiter gehörte, wie viele Steine er gehauen hatte, und ihn nach Stück bezahlen. Jeder Lehrling einer Bauhütte bekam nach seiner fünfjährigen Ausbildung ein solches Steinmetzzeichen, das er wohl selbst entwerfen durfte und das nicht mehr geändert werden konnte.

Manche Quellen sagen, dass sich die Zeichen einer Bauhütte allesamt ähnelten und voneinander abgeleitet wurden. Dadurch habe man

Für Kirchenvorstand Dr. Ralf Köbler ist die Geschichte des Steinmetzzeichens im Netzgewölbe eine ganz besondere.

erkennen können, wo ein Steinmetz gelernt hatte, denn die Angehörigen dieses Berufsstandes gingen viel auf Wanderschaft.

„Bei schweren Verstößen gegen die Bruderschaft" habe das Steinmetzzeichen aufgehoben werden können, schreibt Alfred Schottner in einer Abhandlung über die mittelalterlichen Dombauhütten. Darin erklärt er auch: „Das Zeitalter der etwa von 1250–1500 andauernden ‚himmelsstürmenden Gotik' war zugleich die hohe Zeit der Steinmetzzeichen. An den aus jener Epoche noch vorhandenen Bauwerken sind sie zu Hunderten abzulesen, wobei die Stabform mit Abzweigen bzw. Ästen vorherrscht." Übrigens: Wurde ein Steinmetz zum Meister, durfte er sein Zeichen in ein Wappen setzen – und wenn die Nachfahren ebenfalls Baumeister waren, übernahmen sie das Wappen meistens. Durch derartige Kennzeichnungen war es möglich, das Wirken einer Baumeisterfamilie über viele Jahrhunderte hinweg zu verfolgen, zumal diese sich oft stolz selbst ein Denkmal setzten, indem sie das Wappen oder einfach nur ihr Steinmetzzeichen deutlich sichtbar, zum Beispiel auf Schlusssteinen, anbrachten. Wie eben auch die Steinmetzfamilie Wernher aus Erbach in der Darmstädter Stadtkirche.

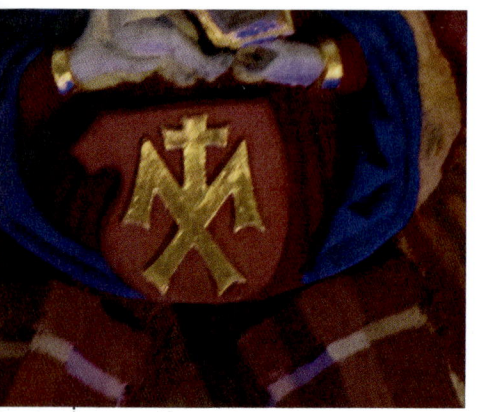

Das Steinmetzzeichen im Schlussstein.

Eva-Maria Bast

So geht's zum Steinmetzzeichen:

Man kann es in der Stadtkirche im vorderen Schlussstein über dem Altar entdecken. Das Gotteshaus steht in der Straße An der Stadtkirche 1.

Uwe Kratz kann manchmal kaum glauben, dass seine Verwandten unter der Brücke gelebt haben.

Brückenbogen

Leben in der Dieburger Straße 99 ½

Gestrüpp und Müll ziehen sich die steile Böschung hinunter, die am Spessartring zu den Gleisen der Odenwaldbahn führt. Den Bahndamm kann man heute nur mit Mühe hinabklettern – es ist nicht vorgesehen, dass sich jemand dort unten aufhält. „Früher gab es hier eine Treppe, die das Hoch- und Runterkommen erleichterte", sagt Uwe Kratz. Aus eigener Erfahrung weiß er das nicht, wohl aber aus Erzählungen: Seine Familie lebte jahrelang unter dem mittleren Brückenbogen – in einer selbst gezimmerten Wohnung. Doch Liesel Reinhardt, die Tante von Uwe Kratz, erinnert sich an ihr Leben unter der Brücke, als sei es gestern gewesen. Für das Mädchen und ihren Bruder Heinz, ihre Eltern Heinrich und Lotte Kratz sowie ein paar Truthühner waren die rund 60 Quadratmeter von 1944 bis 1953 Lebensmittelpunkt. Erst dann zog die Familie in eine richtige Wohnung in der Stadtmitte, in der Liesel Reinhardt noch heute lebt. Sie sagt: „Nie hätten wir gedacht, dass dieser Brückenbogen neun Jahre lang unser Zuhause sein würde." Was heute unvorstellbar ist, war damals echter Luxus.

Ursprünglich lebt Familie Kratz in einem der mehrgeschossigen Wohnhäuser an der Darmstraße. Als Oberwerkmeister der Darmstädter Stadtwerke, im Volksmund „Die Südhessische" genannt, gilt Vater Heinrich während des Zweiten Weltkriegs als unabkömmlich: Er muss nicht an die Front und kann bei seiner Familie bleiben. „Weil er auch oft in anderen Städten arbeiten musste, hat er viel mitbekommen", sagt

Heute ist der Brückenbogen, in dem sich einst die Wohnung von Familie Kratz befand, mit Gittern abgesperrt.

Liesel Reinhardt. In Mannheim zum Beispiel sieht er mit eigenen Augen, was Bomben anrichten können. Die Industrie-Stadt im heutigen Baden-Württemberg erlebt zwischen Dezember 1940 und März 1945 mehr als 150 Luftangriffe. „Mein Vater stand vor den Trümmern, das hat ihn tief berührt." Verbunden war das freilich mit der Angst, Darmstadt könne es genauso ergehen – eine dunkle Ahnung, die sich bestätigen sollte. Immer wieder gibt es Fliegeralarm in der Hauptstadt des Volksstaates Hessen, immer wieder suchen die Menschen Schutz in Kellern und Bunkern. Die Bilder von Schäden in Mannheim im Kopf, kümmert sich Kratz beizeiten um ein sicheres Versteck für seine Familie. Fündig wird er im tief in der Erde liegenden Brauereikeller unter dem Biergarten an der Dieburger Straße, Ecke Spessartring, dessen Zugang sich damals in einem dritten Bogen unter der Eisenbahnbrücke befindet. „Dort sollten wir in der Not unterkommen und bei einem Angriff ausharren", fährt Liesel Reinhardt in ihrer Erzählung fort. Doch es kommt anders.

Der 11. September 1944 ist sonnig und warm. Nichts weist am Tag auf die drohende Katastrophe hin, die die Stadt und ihre Bewohner für immer zeichnen wird. Auch für die damals 16-jährige Liesel Reinhardt fügt sich der Tag in eine Reihe herrlicher Spätsommertage ein. Das Heulen der Sirenen um 23:25 Uhr überrascht die Familie. „Als ich nach draußen auf die Straße gerannt kam, war der Himmel schon hell erleuchtet", schildert die Darmstädterin im Rückblick. Das Mädchen sieht die sogenannten Christbäume – von Fliegern abgeworfene Leuchtkörper, die den Bomber-Piloten das Zielgebiet für den bevorstehenden Angriff markieren. „Uns war sofort klar: Wir schaffen es nie rechtzeitig zur Brauerei." In Panik rennen sie wie viele Nachbarn in den Keller einer nahegelegenen Schule. „Kaum waren wir drin, ging es Schlag auf Schlag." Der Lärm ist ohrenbetäubend, der Raum erzittert unter den Detonationen, Sand rieselt von den Wänden. „Müssen wir jetzt sterben?", fragt Liesels Bruder Heinz ängstlich. Keiner weiß es, keiner kann den Elfjährigen beruhigen. Die Menschen bangen. „Als die Explosionen aufhörten, sind wir gleich raus aus dem Keller", erzählt Liesel Reinhardt. Ein Inferno wartet auf sie. Bei dem als „Brandnacht" in die Geschichte eingegangenen Luftangriff in der Nacht vom 11. auf 12. September 1944 wird die Darmstädter Innenstadt von Einheiten der Royal Air Force weitgehend zerstört. 10.000 Menschen sterben im Bombenhagel und dem Feuersturm.

Familie Kratz überlebt. Gemeinsam kehren sie zur Darmstraße zurück. „Unser Haus war das einzige, das noch stand." Rings herum rauchende Trümmer. Heinrich Kratz ergreift die Gelegenheit beim Schopf, rettet den Notkoffer mit persönlichen Papieren und Dokumenten aus der Wohnung. „Er hat kaum den letzten Schritt nach draußen getan, dann ist unser Haus auch zusammengebrochen." Nur die Pute im Hinterhof hat alles überstanden. Das Tier wird kurzerhand in einen Sack gesteckt, dann machen sich die vier auf den Weg Richtung Brauereikeller. Wer weiß, was noch passiert? Auf dem Weg dorthin werden auf dem Mercksplatz schon die ersten Verletzten versorgt, Liesel sieht von Phosphor verbrannte Körper und unfassbares Leid. An der Eisenbahnbrücke angekommen, gesellen sich schon bald Verwandte und Bekannte hinzu. Anstatt in den Brauereikeller zu klettern, drängen sie sich schutzsuchend unter den mittleren Brückenbogen. „In dieser Nacht waren wir dort 17 Leute", berichtet Liesel Reinhardt. An Schlaf ist nicht zu denken, zu aufgewühlt, zu schockiert sind die Menschen über das, was geschehen ist. Doch allem Schrecken zum Trotz: Am nächsten Morgen rafft sich Heinrich Kratz auf, läuft durch die kaputte Stadt, besorgt Not-Betten für Frau und Kinder, einen Tisch, ein paar Bänke. „Wir mussten ja dort bleiben", erinnert sich Liesel Reinhardt, „wo hätten wir denn hingesollt?"

Durch das neue Heim der Familie Kratz fuhren einst die Züge der Odenwaldbahn. Doch seit die Trasse 1912 verlegt wurde, passieren die Züge den östlichen Nachbarbogen. Der nutzlos gewordene Durchgang wurde nach Norden hin zugemauert, das Gelände dahinter aufgefüllt. Dass der Brückenbogen auf einer Seite eine stabile Rückwand bot, ist 32 Jahre später ein großes Glück für die Familie. In den folgenden Wochen mauert Heinrich Kratz mit seinen Kollegen der „Südhessischen" die Vorderwand. Dafür schaffen sie tagelang mit einem Handkarren Steine aus den Trümmern heran, die sie die Böschung hinabwerfen. Unten klopfen sie den Mörtel ab und errichten Stein für Stein ihr neues Zuhause, setzen Fenster und Türen ein, dann folgt der Innenausbau. „In die Decke haben sie Holzbretter eingezogen, um Heizkosten zu sparen", erinnert sich Liesel Reinhardt. Bekannte bringen derweil nach und nach Teller, Tassen und das ein oder andere Schränkchen vorbei. „Die gesamte Einrichtung war zusammengestoppelt."

„Wir hatten auch eine Küche, das war der größte Raum, dort spielte sich unser Leben ab."

Doch bis Weihnachten 1944 haben sich die Ausgebombten eine Fünfzimmerwohnung eingerichtet. „Wir hatten auch eine Küche", sagt Liesel Reinhardt. „Das war der größte Raum, dort spielte sich unser Leben ab." Vater Heinrich hat einen Kohleofen aufgetrieben und einen Stromanschluss verlegt. „Später hatten wir sogar ein Telefon."

Doch das Wichtigste hat Heinrich Kratz schon im September erledigt: fließend Wasser. In seinen Verantwortungsbereich als Oberwerkmeister der Stadtwerke gehört die Wasserversorgung Darmstadts. Meister Kratz kennt die Kanalisation wie kein Zweiter, er weiß, dass eine Leitung von den Seiterswiesen auf dem Oberfeld zur benachbarten Brauerei führt. „An der gegenüberliegenden Böschung hat er diese freigelegt und eine Zapfstelle eingerichtet." Die nutzen auch Menschen aus der Umgebung, denn nach der Brandnacht ist ein Großteil des Leitungssystems in der Innenstadt zerstört.

Mit der Zeit normalisiert sich das Leben unter der Brücke, obwohl sich die Familie gerade am Anfang schwertut. Am 25. März 1945 kommen die Amerikaner nach Darmstadt, nach und nach wird die städtische Infrastruktur wiederhergestellt. Neben den Schlafzimmern donnern nach Wiederaufnahme des Bahnbetriebs die Züge der Odenwaldbahn entlang. Zudem verkehrt damals noch die Straßenbahnlinie 6 auf der Dieburger Straße zwischen

„Wenn oben die Straßenbahn fuhr, klapperte unten das Geschirr in den Schränken."

Fasanerie und Innenstadt – und rattert alle zehn Minuten über die Köpfe der Brückenbogenbewohner. „Wenn oben die Straßenbahn fuhr, klapperte unten das Geschirr in den Schränken", sagt die einstige Bewohnerin des Brückenbogens. Die erste Bahn um 5.23 Uhr wird zum allmorgendlichen Wecker der Familie. Dennoch: „Wir waren zufrieden, schließlich hatten wir ein festes Dach über dem Kopf." Tausende Menschen haben in der Brandnacht ihr Zuhause verloren. „Viele hausten sommers wie winters in einfachen Gartenhütten oder Kellerlöchern."

Für ihr Domizil muss die Familie allerdings Miete zahlen. Das Gelände unter dem Brückenbogen gehört der Stadt. Schon zum Bau der Behelfswohnung braucht sie die Genehmigung des damaligen Bürgermeisters. Dafür erhalten Heinrich, Lotte, Liesel und Heinz Kratz die Adresse Dieburger Straße 99½. „Unser Briefkasten befand sich oben auf der Brücke", berichtet Liesel Reinhardt. Dorthin führt eine rutschige, steile Treppe, die ihr Vater in die erdige Böschung hat graben lassen. Vor dem Haus, auf der Wiese unterhalb des Spessartrings, baut Heinrich Kratz ein Toilettenhäuschen aus Holz. Außerdem legt er mit Ehefrau Lotte einen Nutzgarten an, in dem sie Kartoffeln, Obst, Gemüse und Kräuter anbauen. Dieses Gelände ist im Besitz der Bahn.

„Auch dafür mussten wir zahlen", erinnert sich Liesel Reinhardt. „Die Pacht für den Garten betrug jährlich 1,60 Mark, die Treppe kostete zehn Mark pro Jahr."

Und die Jahre vergehen. Liesel feiert im November 1944 ihren 17. Geburtstag unter der Brücke, 1950 ihre Verlobung mit Kurt Reinhardt, den sie in der Tanzschule Bäulke kennen gelernt hat. Dazwischen: Unzählige Feste und Feiern, bei denen es stets fröhlich zugeht. Trotzdem sind alle vier erleichtert, als sie 1953 endlich eine Wohnung in einem Neubau beziehen können. Nach ihnen ist niemand mehr unter die Brücke gezogen. „Mein Vater musste die Wohnung abreißen." Heute ist der Brückenbogen mit einem Metallgitter abgesperrt, die Treppe gibt es schon lange nicht mehr. Nichts weist noch auf das Familienleben an der Dieburger Straße 99½ hin. Ab und zu kommt Liesel Reinhardt dort entlang und blickt hinunter. Auch Uwe Kratz schaut regelmäßig auf das Gitter und denkt an seine Familie. „Ich kann manchmal kaum glauben, dass meine Verwandten wirklich hier gelebt haben."

„Mein Vater musste die Wohnung abreißen."

Kerstin Schumacher

....

So geht's zum Brückenbogen:

Die Brücke führt auf der Dieburger Straße über die Gleise der Odenwaldbahn. Den besten Blick auf den Brückenbogen hat man von der Böschung am Spessartring hinunter Richtung Norden.

Nikolaus Heiss weiß: Diese Tür führt tief in die Geschichte.

09

Gittertür

Geballte Geschichte im Keller

Diese Gittertür verschließt den Eingang zu 500 Millionen Jahren Geschichte und wenn der einstige Darmstädter Denkmalpfleger Nikolaus Heiss von ihr erzählt, dann beginnen seine Augen zu leuchten und die Worte sprudeln nur so aus ihm heraus: „Die Entstehung der Welt hat etwas mit sehr alten Zeiten zu tun, sie ist ständig in Bewegung, die Kontinente schwimmen und verändern ihr Gesicht. Vor 500 Millionen Jahren waren wir auf der Südhalbkugel der Erde und wurden jedes Jahr ein paar Zentimeter weiter nach Norden geschwemmt." Vor 250 Millionen Jahren sei die Erde dann aufgebrochen und Magma hervorgequollen, das das Land überschwemmt habe. „Dieses Magma kühlte nach und nach ab und wurde zu dem Felsgestein, in das diese Tür hineinführt", erklärt der Denkmalpfleger den Zusammenhang. „Da das Magma bis zu zwei Kilometer mächtig war, hat es Jahrtausende gedauert, bis es abgekühlt. Ein Großteil des Felsgesteins befindet sich heute in der Rheinebene, ein weiterer Teil ist dieser Fels hier." Und in ebenjenen Fels hauten im Jahr 1872 französische Kriegsgefangene einen riesigen Keller hinein. Dass dieser nötig wurde, hängt mit dem großen Wachstum Darmstadts von 10.000 Einwohnern im Jahr 1800 auf 70.000 Einwohner im Jahr 1900 zusammen. „Das bedeutete sowohl, dass viele neue Bauwerke entstanden, als auch, dass es Mängel gab, zum einen an Wasser, zum anderen aber auch an gekühlten Bier", fährt Nikolaus Heiss fort.

Die Menschen hatten Bierdurst, die Brauereien boomten. Um den Bedarf decken zu können, benötigten sie aber Räume, in denen das Bier gekühlt werden konnte. Der Kühlschrank war noch nicht erfunden, also mussten kühle Keller her. Zwölf Brauereien schlossen sich auf der Mathildenhöhe zusammen, um rund 100 Keller anzulegen. Darunter auch jenen, zu dem die vergitterte Eisentür führt, vor der Heiss steht, als er die Geschichte erzählt. „In diesem Keller hat es im Sommer wie im Winter 8 bis 10 Grad." Einen niedrigen Gang, durch den Heiss heute Interessierten „Kriechtouren" anbietet, gab es aber schon, bevor der Keller entstand. „Er diente vermutlich dazu, Wasser vom Osten her in die Stadt zu führen. Und als es dann die Bierkeller gab, wurde er dazu genutzt, um das Schmelzwasser des Eises aus dem Keller zu leiten." Denn im Winter wurden im Großen Woog Eisblöcke geschlagen und über Schächte in den Keller geworfen, wo sie im soge-

Hinter dieser unscheinbaren Tür steckt allerhand!

nannten Kühldom, einem kuppelförmigen Raum, landeten. Der war normalerweise von einer Tür verschlossen. „Wenn man dann aber während der Nachgärung des Bieres für einen bestimmten Zeitraum Temperaturen von 4 Grad erreichen wollte, öffnete man die Tür und die Kälte kroch durch den ganzen Keller", sagt der Experte.

Als Carl von Linde (1842-1934) im Jahr 1876 die Kühlmaschine entwickelte – oder besser: bestehende Erfindungen so weit revolutionierte, dass sie für den allgemeinen Gebrauch verwendbar waren –, schwenkten die Brauer nach und nach auf diese neue, praktischere Methode um und ersparten sich den aufwendigen Transport der Fässer in den tiefen Keller.

Die Keller verloren ihre ursprüngliche Funktion und gerieten zunächst in Vergessenheit, sollten aber bald eine neue, grausame Aufgabe bekommen: „1933, nach der Machtübernahme durch die Nationalsozialisten, diente der Keller der SA für kurze Zeit als Gefängnis und Folterkammer", erzählt Nikolaus Heiss. Dieses düstere Kapitel dauerte allerdings nicht lange, „denn Hitlers Gegner wurden schnell eliminiert und die SA verlor an Bedeutung". Wenige Jahre später, im Zweiten Weltkrieg, dienten die unterirdischen Räume dann als Luftschutzbunker und rettete vielen Menschen das Leben. Sie saßen rechts und links des Ganges auf Biergartenstühlen, in Todesangst – in dem Keller, den einst französische Kriegsgefangene gehauen hatten und in dem Nazigegner gefoltert wurden. Umschlossen von Gestein, das 250 Millionen Jahre zuvor als heißes Magma aus der Erde gequollen war.

Eva-Maria Bast

....

So geht's zur Gittertür:

Sie ist in der Stützmauer des Biergartens, Dieburger Straße 97, zu entdecken.

10

Hinkelstein

Obelix' Hinterlassenschaft

*E*r wirkt ein bisschen verloren, der große Hinkelstein, wie er da liegt, unmittelbar zwischen Stadtbibliothek und Stadtmauerresten. Obwohl umgeben von Wiese, Asphalt und im Schatten eines Baumes, wirkt er ein wenig, als habe ihn Obelix einfach vergessen, alt wie die Zeit, so, als wäre er schon immer da gewesen. Einzig ein paar frische Kinderzeichnungen mit Kreide bezeugen, dass er sich in der Gegenwart befindet.

Wie kommt der Fels da hin? „Der Hinkelstein ist ein Findling aus Granit", sagt Ralf Kopp. Der Videoprofi und Künstler hat ein Faible für ungewöhnliche Objekte, weshalb er schon vor Jahren begann, sich mit dem Stein und seiner Geschichte zu beschäftigen. „Er war lange da, bevor die allerersten Siedler hier Halt machten", fügt er hinzu. An seinen heutigen Ort gebracht hat ihn ein Gletscher während der Eiszeit, der ihm auch seine Form gab. Als es wieder wärmer wurde und das Eis schmolz, der Gletscher sich quasi zurückzog, blieb der Stein einfach liegen.

Als die Darmstädter 1330 das Stadtrecht verliehen bekommen hatten, machten sie sich an den Bau einer Stadtmauer. Der Hinkelstein befand sich auf deren Innenseite. Mit immer engerer Bebauung der Stadt lag er dann irgendwann im Weg. An dieser Stelle zeigte sich schon damals die bisweilen sehr pragmatische Einstellung der Darmstädter Bürger zu kommunalen Problemen: „Als parallel zur Stadtmauer eine schmale Straße entstand, wurde das Haus einfach rund um und über den Stein gebaut. Er ragte dann in die Küche im Erdgeschoss hinein", schmunzelt Ralf Kopp.

Ebenso pragmatisch wie die Bebauung war dann auch die Benennung der an dem Haus entlangführenden Gasse: die „Hinkelsgasse". Das Haus auf dem Stein trug die Nummer 15. Ganz am Rande der Stadtmauer gelegen und ziemlich eng, war die Hinkelsgasse auch einer der

Ralf Kopp, langjähriger Darmstädter, vor seinem Lieblingsobjekt: dem Hinkelstein.

Orte, an denen die Prostitution diesseits der Stadtmauer ihre Heimstatt hatte.

„Die Bezeichnung Hinkelstein beruht eigentlich auf einem Missverständnis", nennt Kopp ein weiteres Detail. „Ursprünglich hießen solche Steine Hünensteine. Hünen nannte man die vorzeitlichen Riesen." Solcher bedurfte es wohl in früherer Vorstellung, um Steine wie den Hinkelstein an ihren Platz zu bringen. Die Mundart machte schließlich aus dem Hünenstein einen „Hühnerstein". „Das kleine Huhn heißt ja auch heute noch in einigen Dialekten – wie auch dem unseren – *Hinkel*. Und schon war der neue Name geboren.

Nicht nur die Gasse, an der der Hinkelstein lag, wurde nach diesem benannt, sondern auch der angrenzende Turm der Stadtmauer, der Hinkelsturm. Der steht seit 1909 unter Denkmalschutz. Bis dahin war er noch privat bewohnt. Der ehemalige Besitzer wollte den Turm jedoch aus Platzgründen abreißen. Da kaufte ihn kurzerhand die Stadt. Heute beherbergt es das kleine, aber sehr feine Altstadtmuseum.

„Das Haus über dem Hinkelstein wurde wie die gesamte Altstadt Opfer der Bombardierungen im Zweiten Weltkrieg. Es ist jedoch bereits ein Jahr vor der Brandnacht 1944 bei dem Angriff am 23. September 1943 zerstört worden", sagt Ralf Kopp. Und seitdem liegt er wieder einsam auf der Flur. Wie kurz nach der Eiszeit.

Michael Kibler

....

So geht's zum Hinkelstein:

Der Stein liegt in der Kaplaneigasse. Der Stadtmauer nach Süden folgen, rechterhand die wenigen Stufen hinab. Dann kann man ihn kaum übersehen.

Christoph Beck kann dem schlichten Bau durchaus etwas abgewinnen.

Oktroihäuschen

Die Heimat des Zöllners

An der Kranichsteiner Straße, kurz hinter der Kreuzung mit dem Spessartring, steht auf der linken Seite ein hübsches kleines Haus. Obwohl es seit Ende der 1980er-Jahre restauriert wurde, fällt es nicht weiter auf. Tausende Auto- und Radfahrer fahren täglich daran vorbei, ohne das Gebäude wahrzunehmen. Es gibt sogar eine Bushaltestelle direkt davor. Doch falls die Passagiere überhaupt auf das Häuschen blicken, kennen sie seine Bedeutung nicht. Zugegeben: Baukünstlerisch gilt das eingeschossige Gebäude mit Traufgeschoss und Satteldach nicht als großer Wurf. „Das ist ein schlichter Verwandter der Landhäuser aus den 1860er-

Jahren", erklärt Christoph Beck. Dennoch kann der Stadtplaner und Denkmalpfleger dem Haus etwas abgewinnen – denn wer genau hinsieht, entdeckt einige Besonderheiten. „Der Bau ist sehr schön ausgeführt und bietet trotz seiner Schlichtheit ungewöhnliche Merkmale." So sei das Fenstergesims mitsamt den Konsolen nicht alltäglich, ebenso wie die profilierten Tür- und Fensterrahmen. „Außerdem ist der Dachüberstand aufwendig gestaltet." Die Knaggen, die eigentlich Winkel versteifen und damit der Stabilität dienen, bieten schöne Details. „Das geht weit über das Funktionale

„Da hat jemand Wert auf Ästhetik gelegt."

hinaus", schwärmt Beck. Die mattgrünen Fensterläden und der hellgraue Putz sind typisch für den Spätklassizismus. „Da hat jemand Wert auf Ästhetik gelegt." Das alles weist darauf hin, dass dort nicht irgendwer gewohnt hat, sondern eine offizielle Respektsperson.

So ist es auch. Bei dem Gebäude handelt es sich um ein sogenanntes Oktroihäuschen. Das Wort Oktroi stammt aus dem Französischen und bedeutet so viel wie Zoll oder Genehmigung. Beim Oktroi handelt es sich um eine städtische Steuer, die auf eingeführte Waren erhoben wurde. Seit dem 13. Jahrhundert war dies vor allem in Frankreich üblich, von dort hat sich der Begriff im Laufe der Jahrhunderte verbreitet. „In Darmstadt wurde ein Warenzoll erstmals mit einer Verordnung vom 10. Oktober 1823 eingeführt", sagt Beck. Die Steuer sollte die Kasse der verschuldeten Stadt füllen. Sie galt auf Holz, Getreide sowie Alkoholika. Ab 1832 wurde die Abgabe auch auf Schlachtvieh, Wild, Backwaren, Kohle und Hülsenfrüchte erhoben.

Das hat sich gelohnt: Die Steuer machte im 19. Jahrhundert rund ein Fünftel der städtischen Einnahmen aus. So kamen 1830 rund 31.000 Gulden zusammen, 1853 waren es schon 88.600. Für das Überschreiten der Stadtgrenze mit einer Kuh wurden 1885 zwölf Mark fällig, fünf Kilo Brot kosteten sechs Pfennig, 100 Liter Wein schlugen mit 2,15 Mark zu Buche, für 100 Liter Bier mussten 80 Pfennig entrichtet werden. Kassiert wurde die Abgabe ursprünglich von den Torschreibern an einem der sechs Stadttore. Doch mit dem Wachstum der Stadt und der Eingemeindung Bessungens 1888 musste die Oktroilinie mehrmals erweitert werden. Für den Norden machte dies vor allem die Ausdehnung von Johannes- und Martinsviertel in Richtung der neuen Odenwaldbahn-Trasse nötig. „Deshalb wurde die Linie ab den 70er-Jahren des 19. Jahrhunderts dahinter gelegt", sagt der Denkmalpfleger.

In diese Zeit fällt auch der Bau der Oktroihäuschen, derer es einst zehn gab. Sie dienten den Zöllnern zugleich als Wohnhäuser. „An jeder Ausfallstraße wurde eins errichtet", erzählt Christoph Beck. Und zwar, beginnend von der Kranichsteiner Straße im Norden, an der Dieburger Straße hinter der Taunusstraße, an der Erbacher Straße/Ecke Beckstraße und der Roßdörfer-/Ecke Wiener Straße, an der Nieder-Ramstädter-/Ecke Heinrichstraße, der Karlstraße/Ecke Heinrichstraße sowie an der Eschollbrücker-/Ecke Heidelberger Straße, der Pallaswiesen-/Ecke Kasinostraße und der Frankfurter Straße hinter dem Rhönring. Zeichnet man ihre ehemalige Lage auf einem Stadtplan ein, erkennt man gut die Ausdehnung der inneren Stadt in den 1870er-Jahren sowie die damalige Grenze zu Bessungen. Die Darmstädter Oktroihäuschen glichen sich wahrscheinlich in ihrem Äußeren. „Auf einer historischen Fotografie sieht man ein ebensolches Gebäude vor dem Schlachthof", sagt Beck. „Daher handelt es sich vermutlich um einen Typenbau."

Das Oktroihäuschen an der Kranichsteiner Straße ist ein Kulturdenkmal, weniger aufgrund seiner architektonischen Bedeutung als vielmehr aus wirtschaftshistorischen Gründen – und vor allem, weil es das einzige noch erhaltene seiner Art in Darmstadt ist. Heute ist das Gebäude in Privatbesitz und dient nach wie vor als Wohnhaus.

Kerstin Schumacher

So geht's zum Oktroihäuschen:

Das Gebäude steht an der Kranichsteiner Straße 60.

12

Mauerreste

Wo einstmals Darmstadts Pferde lebten

Darmstadt hatte schon viele Beinamen: In den 30er- und 40er-Jahren des vergangenen Jahrhunderts nannte es sich „Die Stadt im Walde". In den Siebzigern war es „Die Stadt der Künste" – und heute schmückt es sich sogar auf ihren Stadtschildern mit der Unterzeile „Wissenschaftsstadt".

Letzteres trifft definitiv zu: Zahlreiche Institute der Fraunhofer Gesellschaft haben sich hier angesiedelt, das Helmholtzzentrum für Schwerionenforschung und natürlich das Europäische Raumflugkontrollzentrum ESOC, von dem aus Raumfahrtmissionen quasi per Joystick gesteuert werden. Und dann ist da noch die Eumetsat, die europäische Organisation für die Nutzung meteorologischer Satelliten. Flimmert irgendwo in Europa ein Wetterfoto über den Fernsehschirm, stammt es von hier.

Unweit der Zufahrt zu diesem Hightech-Institut an der Straße „Am Kavalleriesand" befinden sich zwei Mauerreste, die eine Einfahrt markieren. Allerdings führt von dort aus kein Weg mehr irgendwohin. „Ich kenne diese Mauer noch und natürlich auch den ursprünglichen Weg. Er führte direkt zu den Gebäuden des ehemaligen Hessischen Landgestüts", erzählt Christiane Becker, Sozialarbeiterin aus Darmstadt.

1821 wurde das Hessische Landgestüt eingerichtet. Allerdings damals noch an anderer Stelle: Zwischen Mathildenplatz und den Städtischen Kliniken, ungefähr auf Höhe des heutigen 1. Polizeireviers, stand der ehemalige Großherzogliche Marstall. Hier waren unter anderem die Zuchthengste untergebracht. In der Saison wurden sie zu im Land verteilten Deckstationen gebracht und sorgten für hochwertigen Pferdenachwuchs. „Und Zuchthengste wurden nur die besten ihrer Art", schmunzelt Christiane Becker. „Mit den Hengsten des Landgestüts wurden vornehmlich – aber nicht nur – Wirtschaftsrassen gezüchtet, die als Kutschpferde oder Ackergäule eingesetzt wurden."

Christiane Becker weiß um das Geheimnis der Mauerreste
Am Kavalleriesand.

Dafür war eine planvolle Zucht notwendig, um später Arbeitspferde zur Verfügung zu haben, die ihre jeweiligen Aufgaben gut bewältigen konnten.

In der Darmstädter Brandnacht am 11. September 1944 ging auch der Marstall samt Landgestüt in Flammen auf. Doch der damalige Gestütsleiter hatte die wertvollen Hengste bereits auf andere Außenstellen verteilt. Nur zwei Pferde haben in der Brandnacht ihr Leben gelassen – von seinerzeit ungefähr 125 Tieren.

Ein neuer Ort musste gefunden werden – zumal sich die Menschen in dem schon damals auf der gegenüberliegenden Straßenseite befindlichen Stadtkrankenhaus über Geruch und Fliegenplage beschwert hatten. „Deshalb wurde eine komplett neue Anlage am heutigen Kavalleriesand Anfang der 50er-Jahre errichtet, am Standort der ehemaligen, ausgebombten Kasernen", sagt Christiane Becker. „Vom Landgestüt sind nur noch diese Mauern übrig. Aber die vier Wohnhäuser für die Bediensteten, die stehen heute immer noch", berichtet sie und zeigt auf die Gebäude mit den Hausnummern 39 bis 45.

Auch das neue Landgestüt mit zwei Ställen und einer dazwischenliegenden Reithalle war großzügig ausgelegt: Es war rund 170 Meter lang und bot bis zu 120 Tieren Platz. „Das entspricht ungefähr der Länge im Woog zwischen Sprungturm und Rutsche", veranschaulicht Becker die Dimension. Zum Gestüt gehörte noch freies Gelände, auf dem Reitpferde bewegt wurden: Zwei Dressurplätze waren eingerichtet, eine Rennbahn und ein weiträumiger Springplatz mit Naturhindernissen wie Gräben, Mauern und einem Wall. „Zudem gab es noch einen Turnierplatz, der auch als kleine Weide diente", erinnert sich die Darmstädterin.

Entgegen aller Prognosen ging die Nachfrage nach Deckhengsten drastisch zurück. Der Pferdebestand allein in Hessen reduzierte sich in den 50er-Jahren um 80 Prozent. „Waren Maschinen und Treibstoff vor und während des Krieges knappes Gut gewesen und Zugtiere daher unerlässlich, so waren nicht nur in Hessen Pferde auf der Straße oder auf dem Acker quasi über Nacht ausgemustert worden", so Christiane Becker.

Im Jahre 1958 kam das Aus für das Landgestüt und rund 40 Hengste wurden vom zweiten Hessischen Landgestüt in Dillenburg übernommen. „Der Darmstädter Reiterverein brachte nun seine Tiere in den Ställen unter – allerdings nur bis 1968. Denn Jahr für Jahr stand der Abbruch der Gebäude immer wieder zur Debatte."

Die einzelnen Stallbereiche wurden daraufhin an verschiedene Mieter vergeben, Privatleute wie Interessengemeinschaften. Auch Christiane Becker hatte ihr Pferd dort untergestellt. „In den 70er-Jahren fing ich hier an zu reiten und habe dann auch sehr viel Freizeit im Stall verbracht und überall Hand angelegt, wo es nötig war."

Regelmäßig fanden im Mai Stutenschauen und Reitturniere für Jugendliche statt. Doch da die Anlage nun bei weitem nicht mehr ausgelastet war, wurde zum Beispiel die Reithalle auch für andere Veranstaltungen verwendet. „Ich erinnere mich gut, als dort eine Viehauktion veranstaltet wurde. Danach wollten jedoch die Pferde nicht mehr in die Reithalle, wegen des auch für sie nicht angenehmen Geruchs", schmunzelt sie.

Die Geschichte des Landgestüts am Kavalleriesand endete abrupt und final: „Im Sommer 1989 brannte das Gestüt bis auf die Grundmauern nieder", blickt Christiane Becker wehmütig zurück. Vielen Pferden gelang die Flucht und sie rannten zum Teil bis in die Darmstädter Innenstadt. Zwei Pferde konnten leider nicht mehr gerettet werden. „Die Ursache war Brandstiftung – aber der Täter wurde nie gefunden."

Inzwischen werden vom Gelände aus europäische Wettersatelliten gesteuert. Und an das ehemalige Landgestüt Hessen erinnern noch – zwei Mauerreste.

Michael Kibler

So geht's zu den Mauerresten:

Am südlichen Rand der Straße Am Kavalleriesand stehen auf der westlichen Straßenseite noch die Gebäude mit den Hausnummern 39-45. Die Mauerreste stehen ungefähr dort, wo sich die Hausnummer 35 befinden müsste.

13

Kandelaber

Aus Liebe zu Darmstadt

Als Oberbürgermeister kommt Jochen Partsch naturgemäß gut rum in Darmstadt. Bisweilen ist das Stadtoberhaupt auch Gast bei Unternehmen und Instituten, die ihren Sitz an der Rheinstraße 99 haben. Dort, auf einem Rasenstück am Rande eines Parkplatzes, steht ein gusseisernes Relikt, das an eine übergroße Blumenschale erinnert. Sie sitzt auf einem Sockel, auf dem einige Figuren zu sehen sind. „Wann immer ich hier vorbeigekommen bin, habe ich mich gefragt: Was ist das nur?", sagt der OB. Irgendwann hat Partsch sich dann die Zeit genommen, den Sockel aus der Nähe zu betrachten, und siehe da: Er gibt einen Hinweis auf seine Herkunft. „Man erkennt, dass die Figuren die Arbeit der Gießereitechnik darstellen." Daraufhin hat Partsch sich weiter informiert und eine spannende Geschichte entdeckt.

Auf dem Gelände war einst die Gebrüder Roeder AG angesiedelt. Tätig war sie hauptsächlich in der Ofen- und Herdindustrie. „Die Firma hatte eine der ersten Fabriken in Deutschland, die transportable Herde herstellten", sagt Partsch. Der „Darmstädter Sparkochherd" machte sich bald einen Namen in ganz Deutschland. Und nicht nur das: Die Fabrikate der Roeders waren dermaßen beliebt, dass sie bald auch international vertrieben wurden, etwa in Afrika, Costa Rica, Kolumbien und Indonesien. Jugendstilkünstler wie Joseph Maria Olbrich (1867-1908) oder Peter Behrens (1868-1940) fertigten Entwürfe für Roeder-Produkte.

Gegründet wurde das Unternehmen 1866. Philipp Roeder übernahm damals eine in der Bleichstraße 27 gelegene Schlosserwerkstatt und begann dort mit der Herstellung schmiedeeiserner Kochherde, die bald reißenden Absatz fanden. Drei Jahre darauf zog die Eisengießerei Gebrüder Roeder – seit 1873 war Louis Roeder Teilhaber und kaufmännischer Leiter des Unternehmens – in größere Räume an der Alicenstraße. Doch auch dort wurde es bald zu eng. Deshalb kauften

Oberbürgermeister Jochen Partsch hat sich über die Geschichte des Kandelabers informiert.

Roeders auf dem Gelände zwischen Rhein-, Goebel- und Mornewegstraße ein Grundstück und zogen 1878 mit 80 Angestellten in die neu gebauten Fertigungshallen. Zehn Jahre später beschäftigten sie bereits 350 Mitarbeiter. „In den Hochzeiten waren es gar 1.000", weiß Partsch. „Auf dem Werksgelände gab es eine eigene Gießerei, ein Emaillierwerk, eine Stanzerei, Schleiferei sowie eine Spenglerei."

Noch vor dem Ersten Weltkrieg baute Roeder die erste Großküche zur Versorgung von bis zu 3.000 Menschen, die in Kantinen und Krankenhäusern zum Einsatz kam. Während des Krieges mussten Kochherde und Kessel zur Verpflegung der Truppen gefertigt werden. 1919 wandelte Philipp Roeder die Fabrik in eine AG um, die ab sofort unter „Erste Darmstädter Herdfabrik und Eisengießerei Gebrüder Roeder AG" firmierte. Im Zweiten Weltkrieg konnte die Produktion in verringertem Maße fortgesetzt werden. Hierbei kamen auch Zwangsarbeiter zum Einsatz. Die Brandnacht vom 11. September 1944 überstand das Unternehmen weitgehend unbeschadet, konnte zumindest weiter produzieren. Doch in den folgenden Jahren gerieten die Gebrüder Roeder in wirtschaftliche Schwierigkeiten, die schlussendlich das Aus bedeuteten. So wurde 1966 das Geschäft an die Buderus AG verkauft und die Produktion in Darmstadt schließlich eingestellt. 1992 begann die Wiederbebauung des als Roederblock bezeichneten Firmengeländes mit Geschäfts- und Bürogebäuden.

Die Geschichte der Gebrüder Roeder war dem Stadtoberhaupt freilich bekannt. „Das zeigt, wie früh Darmstadt schon ein wichtiger Wirtschaftsstandort war". Aber die Geschichte des Sockels hat Jochen Partsch dann doch überrascht. Der war ursprünglich nämlich ein 13 Meter hoher Kandelaber aus Gusseisen. „Als die Firma Roeder 1930 ihre neu erbaute moderne Eisengießerei in Betrieb nahm, beschlossen die Geschäftsführer, der Stadt aus diesem Anlass ein Erzeugnis dieser Gießerei zu schenken", so Partsch. Zugleich wollte die Firma damit einen Beitrag zum Stadtjubiläum leisten – denn 1930 feierte Darmstadt 600 Jahre Stadtrechtsverleihung. „Der Kandelaber war dem Modell eines alten Festbaumes mit seinem Kranz und bunten Bändern nachempfunden, wie er früher auf den Festwiesen stand."

„Das zeigt, wie früh Darmstadt schon ein wichtiger Wirtschaftsstandort war."

Entworfen wurde er von Bildhauer Robert Cauer. Der den Sockel des Kandelabers umziehende Fries zeigt tatsächlich die einzelnen Schritte der Eisengießerei. „Angeblich haben Arbeiter der Fabrik für die Figuren Modell gestanden."

Jedenfalls hatte Philipp Roeder den Kandelaber am 29. März 1930 dem damaligen Oberbürgermeister Rudolf Mueller (1869-1954) übergeben. Seinen Platz fand er vor der 1927 neu eröffneten Darmstädter Festhalle. „Die stand damals etwa dort, wo heute die Berliner Allee in die Rheinstraße mündet – also schräg gegenüber dem Werksgelände von Roeder", erklärt das heutige Stadtoberhaupt. „Der Kandelaber muss das Unternehmen viel Geld gekostet haben. Das Geschenk zeigt, wie sehr sich die Gebrüder Roeder mit ihrer Stadt identifiziert haben." Liebe zu Darmstadt war in der Tat das Motiv. Wie Philipp Roeder nach dem Bericht des *Darmstädter Tagblatts* bei der Übergabe erklärte, seien Dankbarkeit und das Gefühl der Verbundenheit mit der Stadt Darmstadt und ihrer Bürgerschaft die ursächliche Veranlassung des Geschenks gewesen.

Der vollständige Kandelaber war einst 13 Meter hoch.

In der Brandnacht fiel der Kandelaber wahrscheinlich den Bomben zum Opfer. Nach dem Zweiten Weltkrieg wurden die Trümmer der Festhalle abgetragen und die Trasse der Berliner Allee darüber geplant. Die Reste des Kandelabers – der gusseiserne Sockel – räumte man dafür beiseite. Der OB freut sich: „Und dort, am Rand des heutigen Parkplatzes, steht er noch immer."

Kerstin Schumacher

So geht's zum Kandelaber:

Er steht auf einem Rasenstück etwa auf Höhe Rheinstraße 95.

14

Urne

Die Vielbesungene

*F*emina sexu, ingenio Vir, steht auf dem urnenfömigen Denkmal geschrieben. Die Person, der es gewidmet ist, war also vom Geschlecht eine Frau, vom Geist ein Mann. Wie jedoch kommt Karoline, Landgräfin von Hessen-Darmstadt, geborene Pfalzgräfin zu Zweibrücken (1721-1774), auch liebevoll die „Große Landgräfin" genannt, zu dieser Grabinschrift? Durch ihre Liebe zur Literatur würde man sie doch eher als romantisch und verträumt einordnen – was wiederum einem weiblichen Geiste entspricht. „Diese Grabinschrift ist das höchste Kompliment, das sie bekommen konnte", klärt der ehemalige Forstamtsleiter Arnulf Rosenstock auf. „Zumindest von dem Mann, der das Grab stiftete. Und das war kein Geringerer als Friedrich II. von Preußen." Doch der Reihe nach!

Karoline Henriette Christine Philippine Luise von Pfalz-Zweibrücken wird als älteste Tochter des Pfalzgrafen und Herzogs Christian III. von Zweibrücken (1674-1735) und seiner Ehefrau Karoline (1704-1774) geboren. Diese legt Wert auf eine umfassende Ausbildung ihrer Tochter, die Kindheit im Elsass und der Pfalz ist ausgesprochen glücklich. Im August 1741 heiratet Karoline den späteren Landgrafen Ludwig IX. von Hessen-Darmstadt (1719-1790). Glücklich wird sie allerdings, auch wenn Ludwig zunächst sehr verliebt ist, nicht – zu unterschiedlich sind die Eheleute und ihre Interessengebiete: Karoline interessiert sich für Musik und Literatur, Ludwig IX., genannt der Trommler von Pirmasens, hat nur das Militär im Kopf und ergeht sich in „Soldatspielchen", wie Walter Gunzert in der *Neuen Deutschen Biographie* schreibt. Schnell schon gehen die Eheleute dazu über, zwei verschiedene Wohnsitze zu haben. Karoline gründet eine eigene Hofhaltung und hält sich zunächst vor allem im Buchsweiler (Residenz der Grafschaft Hanau-Lichtenberg) auf, während Ludwig in Pirmasens damit beschäftigt ist, selbiges zu einer Garnisonsstadt auszu-

Arnulf Rosenstock an der Urne.

bauen. „Später zog Karoline dann allerdings zu ihrem Gatten nach Prenzlau, Ludwig war hier inzwischen preußischer General und Befehlshaber eines Regiments", erzählt Arnulf Rosenstock. Hier werden zwar ihre vier Kinder geboren, der Haussegen hängt jedoch schief:

Ihr Gatte hat Schwierigkeiten beim Aufbau seiner Garnison, ist oft missmutig und unfreundlich.

> *„Später zog Karoline dann allerdings zu ihrem Gatten nach Prenzlau, Ludwig war hier inzwischen preußischer General und Befehlshaber eines Regiments."*

Als der Siebenjährige Krieg ausbricht, kehrt Ludwig nach Primasens zurück, Karoline (1756-1763) zieht mit ihren Kindern wieder nach Buchsweiler und schließlich nach Darmstadt – an die Seite ihres Schwiegervaters. Der Grund: Ihr Schwiegervater Landgraf Ludwig VIII. (1691-1768) ist alt geworden und da „sein baldiger Tod befürchtet werden konnte, gebot es die Staatsklugheit, daß wenigstens die Erbprinzessin mit ihren Kindern unter ihren künftigen Unterthanen lebe", schreibt Philipp Walther in der *Allgemeinen Deutschen Biographie*. Und: „Die Verhältnisse, in die sie hier trat, gaben ihr einen ungenügenden Ersatz für das, was sie verließ." Doch weil sie pflichtbewusst ist und ihren Schwiegervater sehr liebt, fällt es ihr nicht allzu schwer. Karoline widmet sich der Erziehung ihrer Kinder, bei der sie größte Sorgfalt walten lässt, und kümmert sich um die Neuanlage des Herrngartens. Und dann segnet der alte Landgraf das Zeitliche. Der Tod kommt plötzlich und während sich Karoline im Theater aufhält.

Es folgt eine schwere Zeit für die Landgräfin, zumal ihr Gatte mitnichten an ihre Seite eilt, um sie zu unterstützen oder zu regieren: „Die Uebernahme der Regierung konnte den neuen Landgrafen von Hessen-Darmstadt nicht bestimmen, nach seiner hessischen Residenz über zu ziehen; allen Bitten seiner Gemahlin setzte er deshalb anfangs entschuldigende Ausflüchte und dann einen schweigenden Widerstand entgegen", schreibt Philipp Walther. Und Arnulf Rosenstock ergänzt: „Ihm war das Leben in seinem Grenadierbataillon einfach zu wichtig." Stattdessen macht er seiner Gattin, die nun zwangsläufig die vom Spardiktat bestimmten Regierungsgeschäfte übernimmt, allerlei Vorschriften aus der Ferne, was sie zu tun und zu lassen hat. Dazu gehört auch, dass der neue Regent den dringend nötigen Sparkurs durch die Herren von Moser einleitet. Karoline schreibt an ihre Schwägerin, mit der sie ein inniges Verhältnis verbindet: „Du weißt, in welcher Unordnung die Verhältnisse liegen; der Landgraf wird, um sie zu bessern, in allen Zweigen der Verwaltung Einschränkungen machen. […] unsere Tafel ist vereinfacht und für gewöhnlich auf 14 Personen beschränkt, viele Diener sind entlassen, ich beklagte aber nur die, welche lange treu gedient haben, das schmerzt mich, aber ich sehe ein, daß es sein muß. Es ist nicht die Einschränkung des ‚Staats‘, was mich betrübt, denn aus diesem habe ich mir nie etwas gemacht, aber ich leide, weil ich Unglückliche sehe." Ohnehin setzt sie sich sehr für ihr Land ein, dafür lieben sie die Darmstädter.

Immer wieder zieht sich die Große Landgräfin zurück an ihre Lieblingsplätze: eine Einsiedelei im Herrngarten, eine Bank. Und das passt dann auch wieder zu der Tatsache, wie literarisch, romantisch und künstlerisch sie veranlagt war. „Sie bildete den Mittelpunkt eines Kreises von Persönlichkeiten, die als die ‚Darmstädter Empfindsamen‘ gepriesen wurden", heißt es in der *Deutschen Biographie*. „Wieland und Gleim wurden von ihr empfangen, und eine Sammlung der Oden Klopstocks von ihr angeregt. Voltaire rief ihre Hilfe in seinem Kampf gegen die Glaubensinquisition in Frankreich an", zählt Autor Walter Gunzert auf. „Übrigens: Dass die Landesfürstin den Beinamen ‚Große‘ bekommt, ist keinem Geringeren als Johann

> *„Dass die Landesfürstin den Beinamen ‚Große‘ bekommt, ist keinem Geringeren als Johann Wolfgang von Goethe zu verdanken, der ihr diese liebevolle Ergänzung ihres Namens zudachte."*

Wolfgang von Goethe zu verdanken, der ihr diese liebevolle Ergänzung ihres Namens zudachte", ergänzt Rosenstock. Philipp Walther erklärt: „Sie verdankt diese ehrende Bezeichnung nicht der Großartigkeit ihrer Lebensschicksale […], einen jeden anderen Beleg, als die von ihr veranstaltete erste Ausgabe der Klopstock'schen Oden anzunehmen geneigt war. Sie war einzig und allein begründet in dem Eindruck, den ihr ganzes Denken und Fühlen auf ihre Zeitgenossen machte. An dieser Bewunderung nahmen Fürsten und Staatsmänner,

Dichter und Gelehrte, Hofleute und Bürger Theil. Es nannte sie Goethe ‚die große Landgräfin‘, Wieland wünschte einen Augenblick Herr des Schicksals zu sein, um sie zur ‚Königin von Europa‘ zu erheben, Friedrich II. nannte sie die Fürstin, welche die Zierde und die Bewunderung des Jahrhunderts bildet.“ Der Autor kann sich gar nicht halten und fährt fort: „Wir Nachkommen erkennen diese menschliche Größe aus den Tausenden von Briefen, welche von ihr erhalten sind. Aus ihnen erkennt man die Landgräfin in ihrer seltenen hohen Geistes- und Gemüthsbildung, in ihrem Gefühle für alles Schöne und Edle, in der Güte ihres Herzens, in der Klugheit ihres Verhaltens in den schwierigsten Lebensverhältnissen, als Gemahlin eines eigenartigen Fürsten, als Mutter, als Tochter, als Freundin, als Beschützerin der Verfolgten, als Helferin der Bedrängten in gleich großer Weise.“

Auch Friedrich II. (1712-1786) von Preußen gehört zu ihren Verehrern. Sie ist eine der wenigen Frauen, die er respektiert und bewundert und er bezeichnet sie als „Zierde und Bewunderung unseres Jahrhunderts“. Als sie am 30. März 1774 stirbt, stiftet er eine Urne mit der Aufschrift *Femina sexu, ingenio Vir*. Will heißen: „Von Geschlecht eine Frau, vom Geist ein Mann.“

Wie Arnulf Rosenstock es schon so treffend formulierte: „Für Friedrich II. wohl das größte Kompliment, das er ihr machen konnte.“ Der Frau, die Wieland zur Königin Europas machen wollte.

Eva-Maria Bast

....
So geht's zur Urne:

Das Grab befindet sich im Herrngarten. Betritt man den Park am südlichen Eingang zwischen Staatsarchiv und Landesmuseum, folgt man dem Weg Richtung Hochschulstraße und biegt an der ersten Gabelung rechts ab. Das Grab befindet sich linker Hand.

Aurora DeMeehl versucht erst gar nicht, über die Mauer zu klettern, über die Georg Büchner einst floh. Schon gar nicht ohne Leiter.

15

Büchnermauer

Mit der Leiter ging es besser

„Hier würde man auch so drüber kommen, aber mit Leiter ist es sicher bequemer", überlegt Jochen Werner, in Darmstadt besser bekannt als Aurora DeMeehl, und blickt auf die etwa mannshohe Mauer in der Grafenstraße 39. „Hier wohnte unser Stadtheld Georg Büchner und von hier aus soll er vor seinen Verfolgern geflohen sein. Wie sein Bruder Wilhelm später berichtete, stand zum Zweck der Flucht die ganze Zeit eine Leiter an der Mauer, über die er dann kletterte."

Doch der Reihe nach: „Der kleine Georg war drei oder vier Jahre alt, als die Familie nach Darmstadt zog, weil sein Vater Ernst Büchner 1816 eine Stelle als Kreisphysikus bekam", beginnt Aurora DeMeehl die Geschichte zu erzählen. Georg Büchner (1813-1837) hatte sieben kleinere Geschwister, zwei verstarben allerdings schon früh. „In Darmstadt besuchte er die Lateinschule, das Pädagog", erzählt Aurora DeMeehl, und die Historikerin Dr. Susanne Király schreibt im *Stadtlexikon*: „Schon während seiner Schulzeit hegte Büchner ausgesprochene Sympathien für die freiheitlichen und republikanischen Gedanken der französischen Revolution. Seine außergewöhnlichen rhetorischen Fähigkeiten stellte er bereits als Schüler unter Beweis." 1831 ist Büchner mit der Schule fertig, nimmt sein Studium an der Medizinischen Fakultät der Straßburger Academie auf und wechselt im Herbst 1833 an die Medizinische Fakultät der Landesuniversität Gießen. „In jenen Jahren war er dann auch schon politisch aktiv und ist in den Fokus der Obrigkeit geraten, weswegen ihn sein Vater wohl nach Hause beordert hat", schildert Aurora DeMeehl den weiteren Fortgang. Auch gesundheitliche Gründe spielten eine Rolle für die Heimkehr. In Darmstadt widmet sich der junge Georg Büchner dem Schreiben. In jener Zeit lernt er auch den Butzbacher Theologen und Rektor Friedrich Ludwig Weidig (1791-1837) kennen (siehe Geheimnis 20), der die illegale Oppositionszeitschrift *Hessischer Landbote* herausgibt. Diese Publikation habe, wie Susanne Király schreibt, unter dem Motto „Friede den Hütten! Krieg den Palästen!" gestanden und radikaldemokratische Gedanken mit sozialistischen Anklängen verbreitet. „Im Hessischen Landboten kritisierte Büchner die Verhältnisse hier in Darmstadt und besonders auch die Fürsten", sagt Aurora DeMeehl. Damit nicht genug, gründet Büchner geheime revolutionäre Gruppen, „ein aussichtsloser Versuch, die Landbevölkerung zum Aufstand gegen die herrschende

Über diese Mauer soll Georg Büchner vor seinen Verfolgern geflohen sein.

Politik zu mobilisieren", wie Historikerin Susanne Király urteilt. Von der Polizei verfolgt, schreibt er im Januar und Februar in Darmstadt die Revolutionstragödie *Dantons Tod.* Und dann, im März 1835, als in Hessen zahlreiche seiner Mitstreiter verhaftet werden, steigt er, so geht die Überlieferung, mithilfe der Leiter über die Mauer an der Grundstücks-grenze des elterlichen Hauses. „Die Legende sagt, dass die Gendarmen schon von rechts und links anrückten und er mit seinem Köfferchen buch-stäblich in letzter Minute floh", sagt Aurora DeMeehl. Sein Weg führt ihn nach Straßburg, wo er Naturwissen-schaften studiert, sich der Philosophie

> *„Die Legende sagt, dass die Gendarmen schon von rechts und links anrückten und er mit seinem Köfferchen buchstäblich in letzter Minute floh."*

widmet und zahlreiche Werke, darunter *Woyzeck* und *Leonce und Lena,* verfasst. 1836 promoviert er, ein Jahr darauf stirbt er an Typhus. Georg Büchner, der Mann, der in Darmstadt über eine Mauer kletterte, um seinen Verfolgern zu entkommen, wurde nur 23 Jahre alt. Susanne Király schreibt über sein Verdienst: „Mit seinem scharfen Realismus und der Abkehr vom klassischen Drama nimmt Büchner, besonders mit *Dantons Tod* und *Woyzeck* eine einzigartige Stellung in der deut-schen Literatur ein. Mit seinen unfreien und dem Schicksal unterwor-fenen Helden zeigt sich Büchner als Vorläufer von Naturalismus und Expressionismus."

Eva-Maria Bast

....

So geht's zur Büchnermauer:

Sie steht an der westlichen Grundstücksgrenze der Grafenstraße 39.

16

Holztür

Alltag im 2. Revier

Auf der Heinrichstraße brausen die Autos von Ost nach West und von West nach Ost, es gibt kaum eine Tageszeit, zu der der Verkehr gänzlich zum Erliegen kommt, und mit ihm der Lärm. Zum Flanieren eignet sich die Straße deshalb nicht so recht, und wer nicht in einem der Häuser wohnt oder arbeitet, läuft schnell vorbei, oft ohne den Kopf zu heben und ohne nach links oder rechts zu blicken. Wer es doch tut – vielleicht weil er an der Fußgängerampel an der Kreuzung mit der Nieder-Ramstädter-Straße darauf wartet, von Nord nach Süd die Heinrichstraße zu überqueren – entdeckt am Haus gegenüber eine Tür, die so ganz anders aussieht als die anderen. Der gesamte Eingang des Eckhauses mit der Nummer 127 sieht besonders aus, er wird gesäumt von einem Portal aus rotem Stein, auch die Fenster im Erdgeschoss sind damit eingefasst. Rechts und links des Eingangs befinden sich zwei Fresken, die die Wappen von Darmstadt und Hessen abbilden. Die große, schwere Holztür macht allerdings nicht den Eindruck, als sei sie noch in Gebrauch.

Ist sie auch nicht. Der eigentliche Eingang zu dem Gebäude befindet sich heute im Hinterhof, und in dem Haus sind ausschließlich Mietwohnungen. Das war nicht immer so. „Im Erdgeschoss war bis 1972 das 2. Polizeirevier untergebracht", sagt Helmut Biegi. Ursprünglich hatte die Station von 1874 bis 1880 ihren Sitz in der Hügelstraße, danach in der Alexanderstraße 26. „Doch die NSDAP Ortsgruppe Darmstadt-Schlossgarten beanspruchte dieses Anwesen ab 1934 für sich, deshalb wurde das Revier an die Heinrichstraße 127 verlegt." In der Brandnacht am 11. September 1944 wurde dieses Gebäude aber zerstört. Weil wenigstens der Keller noch intakt war, kam das Revier eine Weile dort unter. „Von 1945 bis 1953 diente dann übergangsweise eine Holzbaracke an der Ecke zur Nieder-Ramstädter-Straße als Dienststelle, bis das Haus wieder aufgebaut war."

Helmut Biegi erinnert sich an die alten Zeiten bei der Polizei.

Helmut Biegi, 1952 geboren, weiß das alles ganz genau. Zum einen stand er selbst von 1969 bis 2013 im Dienst der Hessischen Polizei. „Meine erste Station nach der Ausbildung war damals das 2. Polizeirevier in der Julius-Reiber-Straße." Die letzten zehn Jahre seiner Karriere leitete er die Polizeidirektion Darmstadt-Dieburg und war verantwortlich für alle Polizeireviere und -stationen in der Stadt Darmstadt und dem Landkreis Darmstadt-Dieburg. Zum anderen ist Biegi historisch interessiert und hat zur Schlosswache, dem ehemaligen 1. Polizeirevier, sogar ein Buch verfasst. „Ich möchte die Erinnerungen an die früheren Zeiten wachhalten", erklärt der ehemalige Beamte.

Zu Hochzeiten gab es in Darmstadt sieben Polizeireviere. An der Heinrichstraße arbeiteten rund 30 Polizisten, die neben der Heinrichstraße und Roßdörfer Straße für Bessungen, Paulusviertel und Heimstättensiedlung zuständig waren. Ein spezifisches Aufgabengebiet hatten die Kollegen nicht. „Der wichtigste Auftrag war freilich, jede Nacht das *Darmstädter ECHO* zu holen – frisch aus der Druckerei an der Holzhofallee", sagt Biegi augenzwinkernd. „Der Dienststellenleiter bestand darauf, dass bei Dienstantritt die Zeitung auf seinem Schreibtisch lag."

Ansonsten sei es vor allem darum gegangen, örtliche Verordnungen zu kontrollieren. Sind die Hecken vorschriftsmäßig geschnitten, Hunde ordnungsgemäß angemeldet? Auch die Kontrolle von Gaststätten auf der Roßdörfer Straße oblag früher den Polizisten, „alles Aufgaben, die heute eher die Kollegen der Kommunalpolizei übernehmen", erklärt Biegi. „Wichtig war noch der Schutz der Jüdischen Gemeinde, die sich damals noch in der Osannstraße befand."

Auch die Heimstättensiedlung war häufig Einsatzort für die Kollegen. „Kinder haben dort regelmäßig Steine auf die Bahngleise geworfen." Daraufhin ist stets ein Polizist von der Heinrichstraße Richtung Heimstätte gefahren – mit dem Fahrrad. „Streifenwagen gab es damals noch nicht", merkt Biegi an. So wie das ganze Revier sich ein einziges Telefon teilen musste, stand den Polizisten lange Zeit bloß ein VW Käfer zur Verfügung. „Damals waren die Kollegen eben meistens zu Fuß unterwegs", blickt der einstige Polizeibeamte zurück. Zu einem Zwölf-Stunden-Dienst gehörten sechs Stunden Fußstreife. „Zwei

Stunden drinnen, zwei Stunden draußen, auf festgelegten Routen."
Auch Funk gab's nicht. „Heute kann sich jeder Beamte jederzeit über
alle Einsatzlagen informieren. Früher hätte es um die Ecke des Reviers
eine Schlägerei geben können, ohne
dass die Kollegen in der Wache das
mitbekommen hätten." Apropos
Schlägerei: „Am Payday gab's regelmäßig Ärger", erinnert sich Biegi.
Zum Ersten jeden Monats erhielten
die in Darmstadt stationierten ame-
rikanischen Soldaten ihren Lohn. „Mit dem Geld haben die Amerikaner dann in den Kneipen einen draufgemacht." Die feuchtfröhlichen
Abende endeten nicht selten in handfesten Auseinandersetzungen, die
die Polizisten schlichten mussten.

*„Am Payday gab's regelmäßig
Ärger. Mit dem Geld haben
die Amerikaner dann in den
Kneipen einen draufgemacht."*

    1972 zog das 2. Revier schließlich in die Julius-Reiber-Straße. An
der Heinrichstraße blieb lediglich eine Zweigstelle des 1. Reviers mit
zwei Beamten. „Später wurde dort das zentrale Radarkommando samt
Fotolabor eingerichtet", sagt Biegi. Doch zunehmende Raumnöte der
Polizei in ganz Darmstadt erforderten einen Neubau. Der erste Bau-
abschnitt für das neue Polizeipräsidium an der Klappacher Straße
erfolgte 1986, sechs Jahre später zogen die ersten Beamten dorthin um,
die letzten aus der Heinrichstraße 127 folgten im Februar 1993. Die
ehemaligen Räume des 2. Reviers im Erdgeschoss sind heute eine Pri-
vatwohnung – und die Holztür, durch die einst Polizisten ein- und
ausgingen, wird nicht mehr benutzt.

Kerstin Schumacher

....

So geht's zur Holztür:

*Sie ist die ehemalige Eingangstür des Gebäudes an der Heinrichstraße
127.*

17

Nagelkreuz

Symbol einer großen Bewegung

*E*in kleines silberfarbenes Kreuz hängt an der linken Innenseite des Chorraums der Stadtkirche. Es wirkt unscheinbar gegenüber all den großen und schönen Gegenständen, etwa dem Landgrafen-Epitaph oder dem Altarkreuz. Doch die Größe des Gegenstands sagt überhaupt nichts über seine Bedeutung aus.

„Als ich vor 13 Jahren in die Stadtkirchengemeinde kam, ist mir das Kreuz zunächst kaum aufgefallen. Und auch das kleine Beschriftungs-Schildchen, das auf Coventry verweist, ließ bei mir kein Glöckchen klingeln", erzählt Christian Roß, seit jener Zeit Kantor der Kirche. Das Kreuz erinnert zunächst an eine schreckliche Begebenheit aus dem Zweiten Weltkrieg: Am 14. November 1940 legten mehr als 500 deutsche Kampfflugzeuge große Teile der britischen Stadt Coventry in Schutt und Asche, darunter auch die St. Michaels-Kathedrale, von der nur Fragmente der Grundmauern und des Turms stehen blieben. Der damalige Propagandaminister Joseph Goebbels (1897-1945) sprach danach zynisch vom „coventrieren" einer Stadt.

Bei den Aufräumarbeiten ließ Dompropst Richard Howard (1884-1981) zwei verkohlte Dachbalken aus den Trümmern ziehen. Aus ihnen formte er ein großes Kreuz – das sogenannte „Charred Cross" – und stellte es vor die Chorwand. In die Wand selbst wurden seinerzeit zwei Worte eingemeißelt: „Father forgive" – Vater vergib. Und auch in der Weihnachtsandacht sechs Wochen später war dies das Motto der Predigt.

Der damalige Priester der Kathedrale, A.P. Wales, fertigte zur selben Zeit aus drei großen Zimmermannsnägeln, die einstmals ebenfalls im Dachgestühl verbaut gewesen waren, ein Kreuz für den improvisierten Altar zwischen den Trümmern – der Urvater des Nagelkreuzes. So wurde aus den Überresten der Zerstörung ein Symbol geschaffen, das den Geist der Vergebung und des Neuanfangs ausdrücken will: Ver-

Christian Roß, Kantor der Stadtkirchengemeinde, hat in den vergangenen Jahren das Nagelkreuz „wiederentdeckt".

söhnung statt Hass. „Es ist kaum vorstellbar, welch innerer Größe es bedarf, in solch einer Situation Vergebung zu predigen und nicht Vergeltung", so der Kantor.

Als erster deutscher Kirche wurde der Nikolaikirche in Kiel 1947 ein Nagelkreuz überreicht. Es ist, wie auch alle danach verliehenen Nagelkreuze, aus kleinen Nägeln gefertigt, ein Symbol für das größere Kreuz in Coventry. Die Nagelkreuzgemeinschaft wurde 1958 vom damaligen Dompropst aus Coventry, Harold Claude Noel Williams (1914-1990), gegründet. Er reiste um die Welt, um das „Feuer von Coventry" zu überbringen. Im November 1976 kam er nach Darmstadt und übergab der Stadtkirche und ihrem Pfarrer Manfred Knodt (1920-1995) das Nagelkreuz, das heute im Chorraum hängt. Knodt war Pfarrer der Stadtkirche von 1949 bis 1984. 1941 als Soldat eingezogen, geriet er kurz darauf in britische Kriegsgefangenschaft und wurde im Gefangenenlager in Colchester 1945 ordiniert. In den folgenden drei Jahren kümmerte er sich als Lagerpfarrer um die Kriegsgefangenen.

Nach dem Besuch des Domprobstes Williams aus Coventry 1976 wurde die Darmstädter Stadtkirche offiziell Mitglied der internationalen Nagelkreuzgemeinschaft. Und 1980 führte Williams Manfred Knodt in der 1962 angrenzend zu den Ruinen errichteten, neuen Kathedrale, in das Amt eines „Companions" ein – eines offiziellen „Begleiters des Nagelkreuzordens". In dieser Funktion engagierte sich Manfred Knodt weit über Stadt- und Landesgrenzen hinaus für die Versöhnungsarbeit unter dem Symbol des Nagelkreuzes. „Nach seinem Tod rückte das Nagelkreuz leider ein wenig aus dem Blickfeld der Stadtkirchengemeinde", bedauert Christian Roß heute.

Roß selbst hat das Nagelkreuz in seiner Kirche erst 2015 ganz bewusst wahrgenommen. „Damals besuchte ich bei einer Fortbildung die Nikolaikirche in Leipzig. Dort gab es eine Broschüre über die Nagelkreuz-Bewegung, inklusive einer Liste der Kirchen, die in Deutschland dazu gehören. Dort fand ich auch den Namen der Darmstädter Stadtkirche." Denn die Idee der weltweiten Versöhnung unter dem Symbol des Nagelkreuzes verbreitete sich von Coventry aus über Ländergrenzen nach Deutschland und in die Welt.

„Als ich nach der Fortbildung wieder in meiner Kirche in Darmstadt ankam, sah ich das Nagelkreuz mit ganz anderen Augen. Damals habe ich angefangen, mich in die Geschichte einzuarbeiten. Sowohl in die Geschichte der weltweiten Nagelkreuzbewegung, als auch in die Rolle unserer Kirche darin."

Danach wurden Roß' Kontakte zu anderen Nagelkreuzgemeinschaften enger. So gastierte etwa 2015 der Kammerchor der Dresdner Frauenkirche unter Matthias Grünert in der Stadtkirche – auf einer Reise durch verschiedene Kirchen der Nagelkreuzgemeinschaft. Zum Jubiläum der 40-jährigen Zugehörigkeit zur Nagelkreuzgemeinschaft 2016 fand am Totensonntag ein großes Jubiläumskonzert statt. „2017 nahm ich schließlich als Vertreter unserer Kirche am Jahrestreffen der deutschen Nagelkreuzgemeinschaften in Wuppertal teil. Ein inspirierendes Erlebnis, weil neben dem Austausch auch hochkarätige Vorträge zum Thema Friedensarbeit und Konfliktbewältigung gehalten wurden", so Christian Roß. 2018 reiste er zum internationalen Treffen nach England. Mehrmals im Jahr gibt es jetzt in der Stadtkirche ein „Choral Evensong" nach englischem Vorbild, bei dem gemeinsam das Versöhnungsgebet der Nagelkreuzgemeinschaft gebetet wird.

„Es ist mir ein großes Anliegen, den Versöhnungsgedanken der Nagelkreuzgemeinschaften auch in unserer Kirche wieder mehr Raum zu geben", sagt Roß. Insbesondere, als es eben auch viele Stimmen gebe, die sagen, das Nagelkreuz wäre ein historisches Relikt und habe mit der Gegenwart wenig zu tun. „Betrachtet man die weltpolitische Lage oder auch nur die sich zunehmend verhärtenden Fronten innerhalb der Gesellschaft, muss ich das leider bezweifeln."

Michael Kibler

So geht's zum Nagelkreuz:

Im Chorraum der Stadtkirche (An der Stadtkirche 1) ganz vorn an der linken Seite hängt das Nagelkreuz.

Wolfgang Emmerich weiß: Hier wohnte einst Deutschlands erster Außenminister Heinrich Joseph Maximilian Johann Maria von Brentano di Tremezzo.

18

Villa
Des Außenministers letzte Heimat

Wolfgang Emmerich kennt Bessungen wie seine Westentasche. Schließlich hat der waschechte Heiner sein ganzes Leben hier verbracht. Außerdem gibt Emmerich regelmäßig ehrenamtlich Stadtführungen für die „Darmstadt Greeters", bei denen er vor allem in den Gassen Alt-Bessungens unterwegs ist. Ab und an führt er seine Gäste aber auch zur Villa am Steinbergweg 25. Dort wohnte einst nicht irgendwer, sondern Heinrich Joseph Maximilian Johann Maria von Brentano di Tremezzo (1904-1964) – Deutschlands erster Außenminister.

Brentano kam am 20. Juni 1904 in Offenbach zur Welt. Er entstammt der bekannten deutsch-italienischen Politiker- und Künstlerfamilie Brentano, die seit dem 18. Jahrhundert im Rhein-Main-Gebiet ansässig war. Nach dem Abitur 1922 studierte Brentano zunächst Jura. Als Anwalt ließ er sich 1940 in Darmstadt nieder, wohnte in der Ohlystraße 58. Fünf Jahre später war Brentano Mitgründer der CDU und bekleidete von 1955 bis 1961 erstmals das Amt eines selbstständigen Außenministers. Bis 1964 war er Vorsitzender der CDU/CSU-Fraktion im Deutschen Bundestag. Seiner hessischen Heimat blieb Brentano aber stets treu, lebte bis zu seinem Tod im Steinbergweg 25. „Das weiß kaum jemand", sagt Emmerich. „Die Leute sind immer wieder überrascht, wenn ich ihnen das erzähle." Vermutlich, glaubt er, weil der Politiker sehr zurückgezogen gelebt hat. „Auf dem Weg zum Bölle habe ich ihn jedenfalls nie gesehen." Und der Weg zu den Lilien-Spielen im Stadion führte den jungen Emmerich direkt an Brentanos Haus vorbei. Renate Ziegler dagegen bekam den Politiker hin und wieder zu Gesicht, während sie als Lehrmädchen in der nahe gelegenen Gärtnerei Loos beschäftigt war. Dort deckte sich Brentano mit Pflanzen für seinen üppigen Garten ein. „Ich musste ihn jedes Mal mit einem Hofknicks begrüßen." Auch Emmerichs Kumpel Hans-Wilhelm Schambach hatte 1964 Glück. „Mit meiner neuen Kamera war ich im Viertel spazieren", erinnert er sich. Dabei geriet der damals Zehnjährige in einen Menschenauflauf am Steinbergweg 25, stand plötzlich vor Konrad Adenauer, Ludwig Erhard und jeder Menge Prominenz. Sie alle waren gekommen, um den 60. Geburtstag Brentanos zu feiern.

Zu diesem Zeitpunkt war der beliebte Politiker schon todkrank. Am 14. November 1964 starb er schließlich an Krebs, wurde nur 60 Jahre alt. Nach Brentanos Tod kamen Beileidsbekundungen und Ehrerbietungen aus allen politischen Lagern und der ganzen Welt. Einig waren sich viele Nachrufe darin, dass die Bundesrepublik einen „gentleman in politics" (New York Times) oder einen „Edelmann der Politik" (Willy Brandt) verloren habe. Brentano ruht auf dem Darmstädter Waldfriedhof in einem Ehrengrab.

Kerstin Schumacher

....
So geht's zur Villa:

Heinrich von Brentano lebte am Steinbergweg 25.

Ein unscheinbares Schild verweist auf eine Handpresse an dem Ort, der letztlich die Wiege der „Darmstädter Sezession" war – hier von Marlies Blücher im wahrsten Sinne des Wortes „hervorgehoben".

19

Gedenkschild

Wiege der Darmstädter Sezession

Es gibt zahlreiche Gedenkschilder im Darmstädter Stadtbild. Manche größer, manche kleiner. Manche, die Geschichte in mehreren Sätzen erzählen, manche, die mit Informationen etwas spärlicher sind.

„Zu letzterer Kategorie würde ich dieses Schild hier zählen", sagt die Malerin Marlies Blücher, als sie auf Höhe des ehemaligen Hauses in der Hoffmannstraße 19 steht. Heute werden hinter der Mauer, an der die Tafel angebracht ist, Kinder in der Heinrich-Hoffmann-Schule unterrichtet. „Es ist natürlich völlig richtig, dass Joseph Würth hier bis kurz vor Ende des Zweiten Weltkriegs seine Druckerei-Handpresse betrieb, wie man es auf dem Schild lesen kann. Doch damit ist die Bedeutung dieses Ortes für das Darmstädter Verlegertum und die Darmstädter Kunst bei Weitem nicht beschrieben."

Joseph Würth (1900-1948) war gerade einmal 15 Jahre alt, als er am 6. August 1915 gemeinsam mit vier weiteren Schülern des Ludwig-Georgs-Gymnasiums die Vereinigung „Die Dachstube" gründete, benannt nach eben diesem Ort im elterlichen Hause, der ihnen als Treffpunkt diente. Marlies Blücher erklärt: „Ihr Ziel war, eine Zeitschrift zu verbreiten." Von 1915 bis 1918 erschien *Die Dachstube* als Blatt für Kunst und Literatur noch als Flugblatt. Übrigens kostenlos seinerzeit. Zunächst wurde noch ohne Druckerpresse hektografiert, ab Januar 1917 kam dann erstmals die auf dem Schild erwähnte Handpresse zum Einsatz.

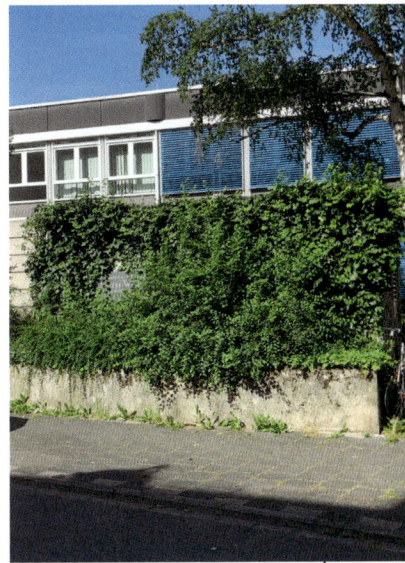

Die Dachstube des Hauses in der Hoffmannstraße wurde schnell zum Zentrum für junge Kunst und Literatur in Darmstadt. Und weitere Mitglieder stießen dazu: Leonhard Schüler (1889-1974), Theodor Haubach (1896-1945) oder etwa Carlo Mierendorff (1897-1943). Letzterer gründete, nachdem er in der *Dachstube* schon Artikel veröffentlicht hatte, die Zeitschrift *Das Tribunal – Hessische Radikale Blätter*. Diese Zeitschrift, ebenfalls der Kunst und der Literatur gewidmet, brachte nur zwei Jahrgänge hervor. Sie war ganz klar darauf gerichtet, die Zukunft nach Ende des Ersten Weltkriegs gemeinsam zu gestalten – für ein geeintes geistiges Europa. Die Beiträge kamen zunehmend aus ganz

Wo früher Kunst entstand, lernen heute Kinder fürs Leben. Hinter der Mauer mit der Gedenktafel – im Sommer oft zugewachsen – steht nun eine Schule.

Deutschland. Ihre Autoren sind auch Laien der Kunst zumindest vom Hörensagen bekannt, etwa Max Beckmann (1884-1950), Oskar Kokoschka (1886-1980) oder Bernhard Hoetger (1874-1949), um nur drei zu nennen.

Sie alle waren die geistigen Wegbereiter für die „Darmstädter Sezession", die im Juni 1919 von 21 Bildenden Künstlern und Literaten gegründet wurde – und auch hier war Carlo Mierendorff mit dabei. Die Kunst der Sezession war durchaus zeitkritisch: „Die radikalen Künstler Darmstadts haben sich zu einer Sezession zusammengeschlossen, haben die längst erforderliche Reinigung von bourgoiser Verschmutzung vollzogen", postulierten die Gründer. „Somit lässt sich die Entstehung des Expressionismus in Darmstadt genau datieren", sagt Marlies Blücher.

Im September 1919 hatten die Künstler der Darmstädter Sezession ihre erste Ausstellung in der Kunsthalle am Rheintor – an der Stelle, an der die heutige Kunsthalle steht. Und der erste Katalog verkündete selbstbewusst: „Darmstadt fühlt sich stark genug, aus künstlerischer Provinz wieder künstlerische Hauptstadt zu werden." Es folgten zahlreiche weitere Ausstellungen, bis durch die Machtübernahme der Nationalsozialisten keine weitere Werkschauen mehr möglich waren.

Nach Ende des Zweiten Weltkriegs gründete sich die Darmstädter Sezession am 27. Oktober 1945 erneut. Im Oktober wurde in zwei notdürftig hergerichteten Hörsälen der Technischen Hochschule Darmstadt die erste Ausstellung organisiert. Die Musik zur Eröffnungsveranstaltung stammte vom früheren Sezessions-Mitglied Paul Hindemith (1895-1963), auch nicht eben unbekannt. Und bereits im Dezember 1945 zeigte die Darmstädter Sezession die Ausstellung „Befreite Kunst" in der Hochschule, mit dabei 14 international bekannte Künstler wie Marc Chagall, Erich Heckel, Alexej Jawlensky, Paul Klee, Oskar Kokoschka, Emil Nolde und andere.

Die Sezession hat sich über die Jahre bundesweit entwickelt. In jedem Jahr veranstaltet sie eine Jahresschau aus den Bereichen Malerei, Grafikbildhauerei und Fotografie auf der Darmstädter Mathildenhöhe. Und seit 1975 vergibt sie den „Preis junger Künstler der Darmstädter Sezession", jährlich wechselnd im Bereich Malerei/Fotografie und Skulptur.

Und auch Marlies Blücher war eng mit der Sezession verbunden. „Ich hatte natürlich eher zu den Darmstädter Künstlern Kontakt", sagt die Malerin. „Unvergessen sind die Abende beim ehemaligen Sezessi-

onspräsidenten Pit Ludwig, bei denen er für uns alle kochte, während angeregt nicht nur, aber immer auch, über Kunst diskutiert wurde."
Das ist schon ein Weilchen her, Erinnerung aus den 1980er-Jahren.

„Unvergessen sind die Abende beim ehemaligen Sezessionspräsidenten Pit Ludwig, bei denen er für uns alle kochte, während angeregt nicht nur, aber immer auch, über Kunst diskutiert wurde."

„Doch auch jetzt sind meine Fäden zur Darmstädter Sezession immer noch eng gewebt – mit Jörn Heilmann und Frank Schylla, beide derzeit im Vorstand der Darmstädter Sezession, war ich seinerzeit im Künstlerrat der Stadt Darmstadt, der von 1995 bis 2005 existierte", erinnert sich Marlies Blücher. Damals jurierte ein ehrenamtlicher Künstlerrat in wechselnder Besetzung mehrere Ausstellungen pro Jahr in der Kommunalen Galerie im Foyer des Justus-Liebig-Hauses. Zahlreiche Ausstellungen hat sie dort begleitet, und auch nach der Zeit im Künstlerrat ist die Verbindung zur Darmstädter Sezession nie abgerissen. „Heute arbeite ich in einer Ateliergemeinschaft mit Frank. Und die ständige Begegnung auf Augenhöhe inspiriert nach wie vor", resümiert Marlies Blücher – mit Blick auf die Gedenktafel, an deren Stelle alles seinen Anfang nahm.

Michael Kibler

So geht's zum Gedenkschild:

Das Schild einer Hausnummer sucht man vergeblich in der Hoffmannstraße 19. Das Gedenkschild ist an der Grundstücksmauer der Heinrich-Hoffmann-Schule angebracht, direkt gegenüber dem Haus mit der Nummer 18.

Bernhard Schütz weiß, dass sich hinter dieser Tür einst ein Ort des Schreckens verbarg.

20 Tor

Eingang ins Grauen

Man muss schon wissen, wo es sich befindet, um das kleine Tor am Ende einer Einfahrt in der Merckstraße zu entdecken. Und selbst wenn man darauf aufmerksam wird – ahnen, was sich einst dahinter befand, werden wohl die wenigsten. Bernhard Schütz, Mitglied in der Darmstädter Geschichtswerkstatt, weiß, was es mit der kleinen Tür auf sich hat und in welchem Zusammenhang sie mit der Haftanstalt in der Runddeturmstraße steht. „Das hier war ein Seiteneingang zu dem berüchtigten Gefängnis", klärt er auf. „Das unter der Oberbaudirektion Georg Mollers nach Plänen des Architekten Franz Heger errichtete Landgerichtsgefängnis wurde 1832 erstmals erwähnt und 1834 fertiggestellt", beginnt Schütz die Geschichte zu erzählen. „Damals trug es den Namen ‚Großherzogliches Provinzial-Arresthaus'. Von Anfang an waren hier politisch Verfolgte inhaftiert."

Der Bekannteste unter den ersten politischen Gefangenen sei der Butzbacher Pfarrer und Radikaldemokrat Friedrich Ludwig Weidig (1791-1837) gewesen, Mitstreiter Georg Büchners (1813-1837) und Wegbereiter der Revolution des Jahres 1848 (siehe Geheimnis 15). Er wollte, wie die anderen Kämpfer des Vormärz, durch eine Beendigung der Kleinstaaterei die bürgerlichen Freiheiten herstellen. „Weidig ist hier 1837 unter mysteriösen Umständen ums Leben gekommen", sagt Bernhard Schütz. „In den meisten Quellen steht, er habe Suizid begangen und darauf deutet auch vieles hin, aber es gibt Indizien, aus denen klar hervorgeht, dass man ihn hätte retten können, ihn stattdessen aber verbluten ließ."

Als der Lehrer und Theologe starb, hatte er ein langes Martyrium hinter sich: Schon 1818 war er wegen politischer Betätigung im Schulunterricht sowohl privat als auch in seinen Predigten überwacht und am 5. April 1834 vom Dienst suspendiert worden. Wenig später wurde er verhaftet und zunächst in der Klosterkaserne zu Friedberg gefangen gehalten, bevor er im Juni 1835 ins Arresthaus Darmstadt gebracht und dort zwei Jahre lang gequält und misshandelt wurde. „Dieses Gefängnis hatte schnell einen sehr schlimmen Ruf, es wurde von den Gefangenen als besonders schrecklich empfunden, auch, was die hygienischen Bedingungen angeht",

> *„Dieses Gefängnis hatte schnell einen sehr schlimmen Ruf, es wurde von den Gefangenen als besonders schrecklich empfunden, auch, was die hygienischen Bedingungen angeht."*

sagt Schütz und zitiert Büchner, der einmal schrieb: „Ich sehe unser Haus und den Garten und dann unwillkürlich das abscheuliche Arresthaus."

Auch zu Zeiten des Nationalsozialismus waren in der Haftanstalt, die sich jetzt „Darmstädter Gestapo-Gefängnis" nannte, politisch Verfolgte eingekerkert: 1939 – anderen Quellen zufolge bereits 1936 – wurde das Gefängnis der Geheimen Staatspolizei aus der Riedeselstraße in den Nordtrakt verlegt. Diesen Gefangenen ging es nicht besser als Weidig 100 Jahre zuvor: „Sie wurden hier gefoltert und manche starben an den Folgen der Misshandlungen oder wählten den Freitod", umreißt Bernhard Schütz das Grauen.

„Für etwa einen Monat, im August und September 1944, war hier auch ein Außenkommando des KZ Natzweiler untergebracht", fährt das Mitglied der Geschichtswerkstatt fort. „Das war die Vorstufe des für Darmstadt geplanten KZs." Das NS-Regime inhaftierte hier vor allem männliche Häftlinge polnischer, französischer, „reichsdeutscher" und tschechischer Nationalität und als „politisch" und „asozial" bezeichnete Gefangene. Nach der Brandnacht am 11. September 1944 wurden die Inhaftierten dann aber nach Auerbach gebracht und die KZ-Pläne aufgegeben.

„Für etwa einen Monat, im August und September 1944, war hier auch ein Außen- kommando des KZ Natzweiler untergebracht. Das war die Vorstufe des für Darmstadt geplanten KZs."

1970 zog die Justizanstalt nach Eberstadt um, das alte Gefängnis wurde weitgehend abgerissen. Die kleine Tür aber kündet immer noch stumm von der Zeit, als sich hier eine Haftanstalt des Grauens befand – und als Menschen mit anderer Meinung hinter diesen Mauern grausam gefoltert und in den Tod getrieben wurden.

Eva-Maria Bast

....

So geht's zum Tor:

Es befindet sich in der Merckstraße, gegenüber den Häusern 2-4.

Thomas Deuster ist in die ehemalige Ablaufrinne geklettert.

Ablaufrinne

Der verschwundene Teich

Etwas abseits des Eberstädter Steckenbornweges wachsen Bäume und Büsche aus einer vier Meter tiefen Senke. Spaziergänger, die auf dem Weg bleiben, wundern sich darüber wahrscheinlich nicht. Denn die Grube ist nur für diejenigen sichtbar, die sich über Stock, Stein und Wiese bis an den Rand der Vertiefung vorwagen. Wer dann genauer hinsieht, erblickt Schilfpflanzen und ab und an ein Pfützchen auf dem Grund – erste Hinweise auf ein verschwundenes Idyll im Hetterbachtal.

„Diese kleine Pfütze war mal ein richtiger See", sagt Thomas Deuster. Daran erinnert er sich genau, denn in seiner Kindheit hat Thomas

21

Deuster dort viel Zeit verbracht. „Die Leute sind dort geschwommen oder haben manchmal mit einem Schlauchboot kleine Runden gedreht." Im Winter diente die zugefrorene Oberfläche obendrein als Schlittschuhbahn. Samt seinen Pflanzen war der Teich Heimat für Frösche, Eidechsen, Ringelnattern und Insekten, zudem tummelten sich darin zahlreiche Fische wie Karpfen, Zander, Forellen und Hechte – zur Freude einiger Angler, die auf hölzernen Stegen sitzend ihr Glück versuchten. „Das war gut 20 Jahre lang ein richtig großes Gewässer." Wer sich heute an der Grube auf Spurensuche begibt, findet allerdings nur noch Überbleibsel vom Teich am Steckenborn. Versteckt hinter einer Brombeerhecke etwa, am südlichen Rand der Senke, kommt die ehemalige Ablaufrinne zum Vorschein. Doch vom einstigen Idyll in den Streuobstwiesen ist nichts geblieben. Was ist passiert?

Entstanden ist das Kleinod nach dem Zweiten Weltkrieg – durch Zufall, könnte man sagen. Ein Teil einer Wiesensenke im Hetterbachtal wurde damals mit Schutt aufgefüllt. Dieser Geröllberg zog sich das Tal hinauf bis zur heutigen Straße „Am Eichwäldchen", wo er eine Art

Der Hetterbach führt noch immer Wasser, das allerdings in der Grube versickert.

Damm bildete. „Der blieb zunächst für das Wasser des Hetterbachs durchlässig", sagt Deuster. Östlich davon blieb das Hetterbachtal mitsamt seiner Wiesensenke in seinem ursprünglichen Zustand erhalten. Einige Besitzer der Grundstücke, die in unmittelbarer Nähe des Damms lagen, pachteten Anfang der 1970er-Jahre dann Teile der angrenzenden Wiesensenke, durch die der Hetterbach floss. „In dieser Zeit verteilte einer der Pächter nachweislich mit einem Radlader lehmhaltigen Boden in der Senke und dichtete auch Ränder und Damm damit ab", weiß Deuster. Die Folgen zeigten sich schnell: Der Hetterbach begann sich zu stauen – Geburtsstunde für den Teich am Steckenborn. Die Anrainer bauten einen Ablauf, der das Wasser in den angrenzenden, nur mit Schutt aufgefüllten Bereich ableitete. Doch der Pegel stieg rasant und setzte angrenzende Wiesen unter Wasser. „Die Stadt musste schnell handeln, um eine weitere Überflutung zu verhindern." 1981 ließ die Verwaltung deshalb einen Schluckbrunnen errichten, der das Wasser von da an geordnet in den Untergrund ableitete. Die Besitzer der umliegenden Gärten setzten nun Fische ein und nutzten den See fortan als kleines Freizeitparadies.

Links und rechts der einstigen Ablaufrinne ragen noch heute rostige Pfosten aus der Erde, die von einem ehemaligen Zaun stammen könnten. Die Pächter hatten das Gelände abgegrenzt, „wohl aus Sorge, Schüler der nahegelegenen Frankensteinschule könnten ins Wasser stürzen und ertrinken", vermutet Thomas Deuster. Das Geheimnis rund um den „Wildwasserteich", wie die Einheimischen den kleinen See nannten, hat ihn nicht losgelassen. Ohnehin hat die Liebe zum Wasser ihn nachhaltig geprägt: Der Darmstädter hat seine Leidenschaft zum Beruf gemacht, ist Wasserbau-Ingenieur geworden – und der Geschichte des Teiches gründlich auf den Grund gegangen. „Zwischen August 1990 und September 1991 ist aus dem nassen Idyll eine trockene Senke geworden", hat er herausgefunden. Der Teich ist nach und nach ausgetrocknet, jeden Tag sank der Wasserspiegel ein wenig weiter. Dadurch wiederum wurde der einst eingebrachte lehmhaltige Boden rissig und durchlässig. „Niederschläge und das nachfließende Wasser des Hetterbachs versickerten durch die entstandenen Ritzen."

Wie konnte das passieren? Verdunstung und weniger Nachfluss aus dem Hetterbach sind wahrscheinlich die Ursachen. Laut Hessischem Landesamt für Naturschutz, Umwelt und Geologie war 1990 ein recht trockenes Jahr. Zum vergleichsweise geringen Niederschlag gesellte sich schon in den ersten Wochen dieses Jahres eine ungewöhnlich warme Periode. Einem online-Wetterkanal zufolge zog zu dieser Zeit ein ausgedehntes Hoch über Südeuropa. In Darmstadt wurden am 24. Februar 1990 satte 18,6 Grad Celsius gemessen, andernorts kletterte das Thermometer sogar über die 20-Grad-Marke. Auch der Sommer 1990 war – für damalige Zeiten – ungewöhnlich heiß. Innerhalb nur eines Jahres hat der See sein gesamtes Wasser verloren. „Einige Besitzer der angrenzenden Grundstücke versuchten mit Hilfe der Feuerwehr, durch Umpumpen des verbliebenen Wassers den Sauerstofgehalt im Teich zu erhöhen." Vergebens. „Alle Fische starben, darunter ein 1,20 Meter großer Hecht." Das war's mit dem Teich am Steckenborn.

Im Laufe der Jahre sind in der Senke Bäume und Büsche gewachsen – zum Bedauern vieler Eberstädter. „Wenn man sich daran erinnert, wie toll das war, dann will man das natürlich zurück", sagt Deuster und lacht. Kurios: Auf den Stadtplänen ist der Teich noch als solcher verzeichnet, obwohl es ihn seit 1991 nicht mehr gibt. Sogar die Karte auf Google Maps zeigt mit blauer Farbe noch ein Gewässer an. Das Satellitenbild ist allerdings aktuell: Hier ist tatsächlich die zugewucherte Grube zu erkennen.

„Wenn man sich daran erinnert, wie toll das war, dann will man das natürlich zurück."

Thomas Deuster hätte nichts dagegen, den Teich seiner Kindheit irgendwann zurückzubekommen. Ausgeschlossen ist das wohl nicht. „Der Hetterbach führt jedenfalls noch Wasser", hat er beobachtet, „es versickert bloß wie einst vor der Abdichtung der Senke mit Lehm in der ehemaligen Teichsohle." Doch was wäre, wenn man die Lehmabdichtung erneuerte? „Ich glaube, dann liefe der See langsam, aber sicher wieder voll."

Kerstin Schumacher

So geht's zur Ablaufrinne:

Vom Parkplatz nahe der Frankensteinschule an der Carl-Ulrich-Straße zu Fuß Richtung Südosten bis zu der Wiese gehen. Die Senke befindet sich linker Hand.

Er kennt sich aus mit der Geschichte der Brauereien in Darmstadt:
Gärtnermeister und Bierbrauer Michael Wagner. Über seinem
Kopf befindet sich der Zunftstein.

22

Zunftstein

Hopfen und Malz verloren

Man muss schon sehr genau hinschauen, um zu erkennen, dass da, in der altehrwürdigen Stadtmauer, Steine eingefügt sind, die hier ganz offensichtlich erst nachträglich ihren Platz gefunden haben. Drei solcher Steine findet man dort (siehe Geheimnis 02). Und die Bedeutung des rechten Steins hat Michael Wagner identifiziert. „Beim rechten Stein handelt es sich um einen Schlussstein mit dem Zunftzeichen der Brauer", erklärt der Gärtnermeister aus Büttelborn. Er kennt sich aus mit dem Brauwesen, denn er ist der Urururururenkel Heinrich Wagners, der 1844 in der Darmstädter Altstadt das Anker-Gasthaus und die Anker-Brauerei übernahm, die beide zu diesem Zeitpunkt stillgelegt waren. Durch ihn wurden sie zu neuer Blüte geführt.

Darmstadt war einmal eine Hochburg der Braukunst. Bis ins 17. Jahrhundert hinein war das Bierbrauen im Ort ein Privileg des Hofes. Die Bürger durften nur für den eigenen Gebrauch brauen. „Erst Mitte des 17. Jahrhunderts wurden in Darmstadt auch private Brauereien erwähnt. Sie unterstanden dem Stadtrat", weiß Michael Wagner. „1690 waren es bereits zehn Stück, 1715 dann 19." Gemessen an der Größe der Stadt zu viele, doch der Brauerei-Boom ging ungebrochen weiter. „1900 gab es sage und schreibe 31 Brauereien in Darmstadt", unterstreicht Michael Wagner.

Auf der Suche nach kühlen Lagerstätten wurden die Brauer zu Beginn des 19. Jahrhunderts kreativ. Denn die Erfindung der Kühlmaschine lag noch ein paar Jahrzehnte in der Zukunft. Rechts und links der Dieburger Straße wurden Felsenkeller ins Erdreich gehauen – eine der wenigen Stellen des Stadtgebiets, die auf massiven Fels gebaut waren (siehe Geheimnis 09). Dort unten herrschte konstant eine Temperatur von rund neun Grad Celsius. Mit Eisblöcken aus dem nicht weit entfernten Badesee Woog konnte die Temperatur ganzjährig noch niedriger gehalten werden. Einige Brauereien verlagerten dann auch ihre Brauhäuser in diesen Teil der Stadt unmittelbar über den Felsenkellern. Gleichzeitig gab es eine starke Konzentration: Viele kleine Sudhäuser stellten ihren Betrieb ein, andere wurden übernommen. 1920 waren es nur noch elf Brauhäuser, 1930 gab es schließlich noch sieben. „Die Anker-Brauerei lag in der damaligen Großen Ochsengasse 26. Ungefähr auf der Höhe der nördlichen Hälfte des heutigen Hexagon-Hörsaal-Gebäudes der Technischen Universität in der Landgraf-Georg-Straße." Bei den beiden großen Bombardements im September 1943 und im September 1944 wurden die Brauhäuser in der Innenstadt zerstört. Ebenfalls natürlich viele Gastwirtschaften, Kneipen und mit ihnen die traditionellen Absatzstätten. „Die Brauanlagen der Anker-Brauerei wurden nach dem Krieg ebenfalls im Brauereiviertel im Osten der Stadt am Fiedlerweg aufgebaut, direkt über den eigenen Felsenkellern. Nur ein paar Meter entfernt vom ursprünglichen Standort, an der nördlichen Stadtmauer, baute die Familie dann einen Brauereiausschank auf", weiß Michael Wagner.

Diesmal führte kein Krieg dazu, dass das Ausschank-Gebäude zerstört wurde: Keine zehn Jahre nach dem Krieg, 1954, wurden die

Besitzer der provisorischen Gebäude auf dem Areal enteignet. Die Bauten und ein Stück Stadtmauer mussten Platz machen für die expandierende Technische Hochschule. „Mit der Abfindung richtete die Familie den Standort in der Landgraf-Georg-Straße ein, eben unmittelbar am Stadtmauerrest gelegen, in dem sich heute das ‚Sausalitos' befindet."

Das Rätsel um die Herkunft des Steins löst indes Dr. Peter Engel, Leiter des Stadtarchivs in Darmstadt: „Eine Kunsthistorikerin aus Darmstadt, Ella Veith, hat 1949 die Torbogensteine aus den Tümmern gerettet. Dieser Schlussstein mit dem Zunftzeichen stammte ursprünglich vom Anwesen in der Kleinen Kaplaneigasse 2 aus der Mitte des 17. Jahrhunderts. Bierbrauer Heinrich Büchler kaufte das Haus und brachte den Schlussstein an."

Dieser Stein und zwei weitere Schlusssteine fanden dann in der alten Stadtmauer ein neues Zuhause, die zu jener Zeit saniert wurde. Ebenso wie das Ankerbräu, das unlängst zurückgekehrt ist. Auch wenn der ursprüngliche Brauereibetrieb 1971 eingestellt worden ist, fühlt sich Michael Wagner der Tradition seiner Vorfahren verpflichtet: „Im Familiennachlass fand ich einen Sudbericht aus dem Jahre 1905. Und ich habe mich dann entschlossen, die Bierbrauer-Tradition meiner Familie wieder aufleben zu lassen." Genießen kann man das neue-alte Ankerbräu nun im „Red Barn" in der Erbacher Straße 5. Aber das ist wieder eine ganz andere Geschichte …

Michael Kibler

....

So geht's zum Zunftstein:

Am Eingang des „An Sibin" in die Kaplaneigasse gehen. Linkerhand liegt die Stadtmauer und gleich in den Mauern der ersten Bögen kann man die drei Schlusssteine erkennen. Der ganz rechts ist jener der Brauereizunft.

23

Bunker

Schutz für knapp 2.000 Menschen

R einfahren, Auto abstellen und möglichst zügig wieder rausgehen: In Parkhäusern hält sich niemand gerne auf, zumal in den unterirdischen. Wozu auch, die sind ja alle gleich. Ein Blick nach links oder rechts, nicht nötig. Oder? Nicht ganz. Wer sich im zweiten Untergeschoss des Parkhauses an der Grafenstraße etwas genauer umschaut, entdeckt so einiges, was er in einer Tiefgarage eher nicht erwarten würde. An einer hinteren Wand zum Beispiel finden sich mit blauer Farbe gemalte Hinweise *Essenausgabe. Hier anstellen* sowie rechts daneben *Nach hier abtreten.* Essenausgabe? In einer Tiefgarage?

Aufmerksame Besucher wie Wolfgang Lohnes können dort, wo sich die Parkplätze Nummer 204 bis 220 befinden, sogar noch mehr entdecken. Vor der Einfahrt in den Parkbereich etwa befindet sich links eine gebogene, weiße Stahltür, die sich zwar von Hand öffnen lässt, auf den ersten Blick aber keinen Nutzen hat. Bei näherem Hinsehen wird klar: Das ist eine Schleuse. Doch wozu? Auf den anderen Etagen des Parkhauses gibt es entsprechende Anlagen nicht. Auch die Einfahrt selbst unterscheidet sich von denen der anderen Stockwerke: Mit einer Höhe von 1,80 Meter kommt der Durchgang recht niedrig daher. In den Boden sind herausnehmbare, rund 80 Zentimeter breite Stahlplatten eingelassen, links und rechts davon befinden sich stabile Gitter, die jeweils ein Stahltor abtrennen. Wer durch die Einfahrt hindurchgeht, sieht rechter Hand einige unscheinbare Gittertüren, die an der Längsseite in die Wand eingelassen sind. Dahinter befinden sich Duschen und Waschbecken – und wer die Nasenspitze ein wenig tiefer durch die Gitter steckt, erblickt auch Toiletten. Auf Höhe des Parkplatzes 205 weist ein rotes Kreuz auf weißem Grund auf einen *Rettungsraum* hin. *Einzeln eintreten,* fordert die Aufschrift auf der Tür auf. Auch dieser Zugang ist mit einem weißen Gitter abgetrennt.

....

Wolfgang Lohnes zeigt auf das rätselhafte Schild im Parkhaus, das an die Vergangenheit des Gebäudes erinnert.

Doch wozu braucht man Schleusen, Wasch- und Sanitätsräume in einem Parkhaus? Wolfgang Lohnes hat die Antwort: „Die Tiefgarage war einst als Zivilschutzbunker gedacht", sagt der Vorsitzende der Darmstädter Gruppe der Deutschen Friedensgesellschaft – Vereinigte KriegsdienstgegnerInnen e.V (DFG-VK). „1.921 Menschen hätten dort Schutz finden können." Damit sie alle Platz im Bunker haben, sollte ein Drittel von ihnen stehen, ein weiteres Drittel auf Bänken sitzen und das dritte Drittel auf Liegen liegen. In welchen zeitlichen Abständen sich die Leute mit dem Sitzen, Stehen, Liegen abwechseln sollten, ist nicht überliefert. Unklar ist auch, welche Darmstädter im Fall des Falles in den zweifelhaften Genuss eines Bunker-Aufenthalts gekommen wären. Mitarbeiter der Stadtverwaltung? Vertreter aus Politik und Wirtschaft? Wer gerade in der Nähe ist? „Das haben wir nicht herausgefunden", sagt Lohnes. In einer Antwort des Hessischen Innenministers auf eine entsprechende Anfrage der Grünen im Hessischen Landtag vom 21. Mai 1985 zumindest steht geschrieben „Dringlichkeitslisten für die Zugangsberechtigung bestehen nicht". In dieser Antwort des Innenministeriums heißt es ferner, Bunker sollten einen Grundschutz bieten „gegen Trümmerwirkung einstürzender Gebäude, gegen Brandeinwirkung (einschließlich Hitze, Rauch, Kohlenoxid und Sauerstoffmangel) sowie gegen radioaktive Niederschläge (gleichzeitig gegen chemische und biologische Waffen)". Dafür wurden sie vermeintlich stabil gebaut: Die Wandstärke beträgt 1,10 Meter, die Decken sind 1,45 Meter dick.

„Früher gab es hier noch mehr Beschriftungen", weiß Lohnes. Der IT-Anwendungsberater im medizinischen Bereich beschäftigt sich schon seit Jahren mit der Geschichte ziviler Schutzanlagen. Die Einrichtung in der Grafenstraße kennt er ganz genau. Von der ehemaligen Essensausgabe sind heute beispielsweise nur noch die blauen Hinweise zu sehen. „Der Raum der eigentlichen Ausgabe dahinter wurde zugemauert." Doch wer zwischen den Schildern sachte an die Wand klopft, kann den Hohlraum noch hören. „Die Wand ist nicht massiv."

Der Zivilschutzbunker in der Grafenstraße wurde 1967 gebaut. Auch die Anlage unter dem Friedensplatz ist gut zwei Jahrzehnte nach Ende des Zweiten Weltkriegs entstanden – Relikte aus der Ära des Kalten Krieges. Die Angst vor Atomwaffen kam nicht von ungefähr, ist doch die Welt während der Kuba-Krise im Oktober 1962 nur knapp an einem Atomkrieg vorbeigeschlittert. Daraufhin wurde ab 1965 der Bau von Schutzanlagen sowohl in Westdeutschland als auch in der DDR vorangetrieben. „Der Bunker unter dem Karolinenplatz ist im Gegensatz zu diesem hier recht bekannt", erklärt Lohnes. Ersterer liegt im nördlichen Teil der Tiefgarage zwischen dem Haus der Geschichte und dem Hessischen Landesmuseum. Zwei Zugänge mit Schleusen für Personen befinden sich direkt vor dem Eingang zum Herrngarten, zwei weitere führen über die Tiefgaragenzufahrten. Die Versorgungs-einrichtungen wie Duschen, Toiletten und Lagerstätten für Reini-gungsmittel und andere notwendige Gegenstände sind heute nicht mehr zugänglich. Es lagern dort (Stand 2014) aber immer noch Toi-lettenpapier, Handtücher, Putzmittel, Bestecke und Penatencreme in großen Mengen, überwiegend originalverpackt. Der Bunker bot Platz für etwa 2.100 Personen, wobei auch hier jeweils ein Drittel liegen, stehen oder sitzen musste. Im Kriegsfall wären die Liegen und Bänke im heutigen Parkhausbereich aufgebaut worden. „Dass es ausgerech-net nahe dem Friedensplatz einen Bunker gibt, das ist schon Ironie", findet Lohnes.

Zum 31. Dezember 1984 standen laut Hessischer Landesregie-rung 82.449 Plätze in öffentlichen Schutzanlagen zur Verfügung. Wei-tere 25.552 Plätze waren in Planung. Gebraucht wurden sie gottlob nicht.

Kerstin Schumacher

....

So geht's zum Bunker:

Er befindet sich im Parkhaus an der Grafenstraße: links die Treppe hinunter, wieder links durch die Tür und an der rechten Wand entlang zur Einfahrt.

*Heide Bössler hat sich mit dem verschwundenen Ort
beschäftigt, an den dieses Denkmal erinnern soll.*

24

Steindenkmal
Ein untergegangenes Dorf

Gegenstände verschwinden. Das ist der Lauf der Dinge. Sie gehen verloren, werden ersetzt. Auch ganze Häuser verschwinden, werden abgebrochen und erneuert. Dass aber ein ganzes Dorf verschwindet, das ist dann doch eher selten – in Darmstadt aber Realität.

Heide Bössler deutet auf eine Anhäufung von Findlingen am Ortsrand von Bessungen, die ein Denkmal bilden. *Zur Erinnerung an Dorf Clappach* steht auf einem der riesigen Steine geschrieben. „Klappach ist im 15. Jahrhundert einfach untergegangen", sagt die Darmstädterin, die ganz in der Nähe wohnt. Auf einem ihrer Streifzüge hat sie das Denkmal entdeckt und sich keinen Reim auf die Inschrift machen können. „Dort erfährt man ja nur, dass die Steine an Dorf Clappach erinnern

96

sollen, aber nicht, wo sich dieses Dorf befand, was aus ihm wurde und warum man das Denkmal errichtet hat", fährt sie fort. Heide Bössler begann zu recherchieren und fand heraus, dass das kleine Dorf, eigentlich eher ein Weiler, 1275 erstmals erwähnt wurde. Zunächst gehörte es, samt Zehnten und Forst, den Grafen von Katzenelnbogen, dann sind die Herren von Ortenberg, von Gondsroth, von Ramstadt und von Frankenstein genannt. „Es gibt nur sehr wenige Quellen über den Ort, man weiß kaum etwas", sagt die Darmstädterin. Nur, dass Clappach recht klein war, keine eigene Verwaltung hatte und zur Pfarrei Bessungen gehörte. Und dass die Pest schuld daran war, dass es unterging. „Die Seuche wütete in dem Ort ganz furchtbar", schildert Heide Bössler den Grund für den Untergang des kleinen Dorfes. „Am Ende war nur noch ein Hof bewohnt, ob hier einer oder mehrere Menschen überlebt haben, ist nicht überliefert." Klar ist nur, dass der oder die letzte(n) Einwohner das Dorf schließlich auch aufgab(en) und vermutlich nach Bessungen kam(en).

Wenn das Dorf auch verschwunden und untergegangen ist: Das Denkmal, 1863 bis 1866 vom Verschönerungsverein aufgestellt, erinnert noch daran, dass hier einst Menschen lebten, litten und liebten. Und auch die Klappacher Straße kündet davon. Heide Bössler sagt aber: „Kaum jemand weiß heute noch, woher die Klappacher Straße ihren Namen hat." Und weil das Denkmal so abgelegen sei, am Rande Bessungens, komme hier auch ganz selten jemand vorbei. Und deshalb ist das versunkene Dorf zugleich auch ein vergessenes Dorf.

Eva-Maria Bast

....

So geht's zum Steindenkmal:

Es steht in der Klappacher Straße an der Abzweigung zum Lossenweg.

St. Ludwig – die erste katholische Kirche in Darmstadt seit der Reformation.

25

Ludwigskirche

Ein bisschen Rom in Darmstadt

Als Anita Gauß 2014 das erste Mal die Ludwigskirche in Darmstadt betrat, blickte sie nach oben und fand sich unversehens in Rom wieder. „Ich war sprachlos. Das Spiel des Lichts erinnerte mich sofort an das Pantheon. Nur war es hier noch lebendiger", sagt sie. „Ich habe gute Freunde in Darmstadt, daher habe ich mir damals ein wenig die Stadt angeschaut." Diese Sätze offenbaren bereits, dass Anita Gauß kein „Heinermädsche" ist, wie die Einheimischen gebürtige Darmstädterinnen zu nennen pflegen. Sie stammt vielmehr aus dem schwäbischen Tübingen.

Wie auch im Pantheon sind in die Außenwand von St. Ludwig keine Fenster eingelassen. Und ebenso wie beim römischen Vorbild dringt das Licht nur durch eine weite, kreisrunde Öffnung im Kuppelscheitel ein, dem sogenannten Opaion. „Ich bin damals eher zufällig durch das Portal in die Kirche gelangt. Der Sakralbau hat mich von Beginn an fasziniert – ganz besonders das Spiel des Lichts –, sodass ich mich dann intensiver mit ihrer Geschichte befasst habe. Und immer, wenn ich in Darmstadt bin, muss ich ‚meiner' Kirche zumindest guten Tag sagen."

Unter den Darmstädter Kirchen nimmt St. Ludwig eine Sonderstellung ein: Zum einen ist sie die erste katholische Kirche auf Darmstädter Stadtgebiet seit der Reformation, zum anderen darf ihre Form einer Kuppelkirche als außergewöhnlich bezeichnet werden. Die Konstruktion des Gotteshauses fußt tatsächlich auf dem Pantheon in Rom, wenn die Abmessungen auch etwas kleiner sind. „Dabei sollte der Sakralbau ursprünglich als gewölbte Basilika gebaut werden, mit drei Säulengängen und zwei Türmen", weiß Anita Gauß. Sie schmunzelt: „Dass schließlich die heutige Form gewählt wurde, liegt an einem Phänomen, das nicht nur in Darmstadt bekannt ist und war: Die finanziellen Mittel genügten nicht für den ursprünglich geplanten Bau."

Anita Gauß an einem ihrer Lieblingsorte: der geheimnisvoll schönen Kirche St. Ludwig in Darmstadt.

Das Vorbild in Rom wurde im 2. Jahrhundert nach Christus fertiggestellt. Ursprünglich war es ein Tempel, vermutlich allen römischen Göttern geweiht. Erst 609 wurde es in eine christliche Kirche umgewandelt und der heiligen Maria sowie allen christlichen Märtyrern gewidmet.

St. Ludwig in Darmstadt war hingegen von vornherein eine katholische Kirche. „Schuld daran war letztlich Napoleon. Landgraf Ludwig X. von Hessen-Darmstadt (1753-1830) wurde durch die nicht ganz freiwillige Kooperation mit Napoleon zum Großherzog Ludwig I. von Hessen und bei Rhein befördert: Auf dem Wiener Kongress (1814/15) schlug man dem Herzogtum Worms, Alzey, Bingen und Mainz zu, das als Rheinhessen bezeichnet wird", erläutert Anita Gauß. „Damit wohnten plötzlich eine Menge katholischer Untertanen im Großherzogtum." Namensgeber der Kirche war jedoch keiner der zahlreichen hessischen Ludwigs, sondern vielmehr der Heilige Ludwig von Frankreich.

1827, fünf Jahre nach Baubeginn, wurde die Kirche schließlich eingesegnet. Doch die kleine katholische Gemeinde von Darmstadt war mit dem Bau nicht glücklich. Bereits in den ersten 20 Jahren gab es im Innenraum an mehreren Stellen Umbauten. In der Brandnacht vom 11. September 1944 zerstörten die Bomben auch St. Ludwig bis auf die Außenmauern. Erst 1951 errichteten Dachdecker ein provisorisches Dach. Die Kuppel wurde zwischen 1993 und 1995 neu eingedeckt und das Äußere saniert. „Die Innenraumsanierung zwischen 2002 und 2005 brachte dann wieder festlichen Glanz in die Kirche", so Anita Gauß.

„Wenn ich mich in St. Ludwig aufhalte, fühle ich mich an diesem anmutigen Ort gut aufgehoben und, ja, fast beschützt. Und gleichzeitig öffnet das fantastische Licht von oben das Herz", sagt Anita Gauß. Es ist diese außergewöhnliche Beleuchtung, die den Innenraum der Kirche im wahrsten Sinne des Wortes ins rechte Licht rückt. „Für mich ist es ein Ort, an dem ich die Akkus aufladen kann. Und zu dem es mich immer wieder hinzieht", resümiert die inzwischen regelmäßige Besucherin. So, wie auch das Pantheon in Rom auf zahlreiche Menschen, seien sie nun gläubig oder nicht, eine unwiderstehliche Anziehungskraft ausübt.

Michael Kibler

....

So geht's zur Ludwigskirche:

Die Kirche thront auf dem Wilhelminenplatz.

Matthias Mampel in der Rinne des ehemaligen Kanals.

Kanal

Sorgenlos am Sorgenlos

Zwischen Steinbrücker Teich und Backhausteich schlängelt sich über eine Strecke von rund einem Kilometer ein Graben durch den Wald. Oft ist er ganz deutlich zu sehen; manchmal, wo sich die Natur ihre Fläche zurückerobert hat, ist er nur noch angedeutet, und wo heute Waldwege kreuzen, wurde er verfüllt. „Das war ein Kanal", erklärt Matthias Mampel. „Erstaunlicherweise ist er auf der gesamten Länge mehr oder weniger erhalten geblieben." Nur Wasser führt er längst nicht mehr. Kein Wunder – das Bauwerk stammt aus dem 17. Jahrhundert und ist somit älter als 350 Jahre.

Doch wer gräbt einen mehrere Meter tiefen Kanal zwischen zwei Fischteichen? Und warum? Man könnte sagen, eine Landgräfin hat sich mit diesem Projekt selbst verwirklicht. Sophie-Eleonore (1609-1671) ließ den Kanal 1662 von Arbeitern aus Tirol graben. Die Gattin von Georg

II. von Hessen-Darmstadt (1605-1661) wollte eine Verbindung zwischen den beiden Gewässern schaffen, damit sie mit ihrem Gefolge Bootsfahrten auf der Wasserstraße genießen kann. „Das war eigentlich ein Irrsinns-Projekt", sagt Mampel, dessen Vater Claus-Jürgen ihm die Geschichte des Kanals schon in seiner Kindheit erzählt hat. Claus-Jürgen Mampel, Gründungsmitglied des Arheilger Geschichtsvereins, hatte zeitlebens ein Faible für historische Pläne und Karten.

Obwohl zahlreiche Aufzeichnungen und Pläne im Zweiten Weltkrieg verloren gegangen sind, gilt als sicher, dass der Kanal zumindest zeitweise seinen Zweck erfüllte: Die Landgräfin liebte es, von Teich zu Teich zu gondeln, und zelebrierte mit ihren Gästen und Hofdamen Wasserspiele auf dem Kanal. Zudem ließ Sophie-Eleonore auf halber Strecke in der Ruthsenbachaue ein künstliches Refugium anlegen, wo sie mit ihrem Gefolge „ohne Sorgen" für eine Weile dem Alltag entfliehen konnte. Diese Intention gab dem Kanal schließlich seinen Namen: sorgenlos am Sorgenlos sozusagen. Zu sehen ist heute noch die steinerne „Brücke am Sorgenlos", die den Ruthsenbach überquert.

Was den Kanal angeht, so bleibt die Frage nach dem Warum? Bootsfahrten und Wasserspiele hätte Sophie-Eleonore schließlich auch auf einem der Teiche veranstalten können. Ein künstliches Flüsslein wäre für die reich geschmückten und bewimpelten Barken nicht nötig gewesen. „Darmstadt ist eine der wenigen Großstädte Deutschlands, die nicht an einem Fluss liegen. Vielleicht wollte die Landgräfin in weiser Voraussicht einfach einen bauen", scherzt Mampel. Doch weder Adel noch Volk schienen nachhaltig überzeugt vom künstlichen Kanal. Nach dem Tod von Sophie-Eleonore im Jahr 1671 geriet der Wasserlauf schnell in Vergessenheit – und Darmstadt hat bis heute keinen Fluss.

Kerstin Schumacher

....

So geht's zum Kanal:

Der Kanal beginnt am Steinbrücker Teich, jenseits der Dieburger Straße.

Arnulf Rosenstock zeigt auf einen der beiden Hirschköpfe.

Hirschköpfe

Den Bauern stoisch entgegengeblickt

Friedlich wirken sie, die beiden Mitte des 19. Jahrhunderts gegossenen Hirschköpfe, die in der Dieburger Straße auf hohen Pfeilern thronen. Man würde ihnen gar nicht ansehen, dass sie für etwas stehen, das die Darmstädter Bauern einst in große Wut und Verzweiflung versetzte.

Einer, der es weiß, ist der ehemalige Forstamtsleiter Arnulf Rosenstock. „Hier ging es einst in eine andere Welt", sagt er und deutet auf das Areal, das hinter den Hirschköpfen stadtauswärts führt und neben dem sich eine lange Mauer, die im Frondienst errichtete Fasaneriemauer, erstreckt. Um ebenjene Welt und ebenjene Wut der Darmstädter Bauern zu erklären, muss er in der Geschichte etwas weiter ausholen. „Bis zur Renaissancezeit hatten die Bauern Nutzungsrechte an den Wäldern", erzählt er. „Sie konnten Bauholz und Holz zum Heizen holen und sich selbst versorgen. Der Wald war eine Quelle des Wohlbefindens der bäuerlichen Bevölkerung, und weil damals alles aus Holz war, sprach man auch vom hölzernen Zeitalter. In fast allen Bereichen setzte man Holz ein und die Menschen waren absolut darauf angewiesen." Doch dann, erzählt der einstige Forstamtsleiter weiter, seien die absolutistischen Fürsten mit ihrem Jagdwahn gekommen. Allen voran Landgraf Ernst Ludwig von Hessen-Darmstadt (1667-1739). „Sie haben die Wälder für die Bevölkerung gesperrt und eingezäunt, Tore gebaut und Wachen aufgestellt. Nun wurde in diesem Gebiet gehegt und gejagt", schildert Arnulf Rosenstock den weiteren Fortgang. Diese Tore waren Falltore. „Sie öffneten sich, wenn eine fürstliche Kutsche kam, und fielen hernach wieder zu." Auch für die Tiere, die aus der Stadt auf die Waldweiden getrieben wurden, schloss es sich für immer – und es verhinderte auch, dass das Wild das Gebiet verlassen konnte.

Die Hirschköpfe haben eine bewegte Geschichte hinter sich.

Eines der Tore – ebenjenes an der Fasaneriemauer, Ecke Dieburger Straße – wurde in späterer Zeit mit Hirschköpfen verziert, was bis heute an die armen Bauern erinnert, die zum Lebensraum Wald einst keinen Zugang mehr hatten. „Außerdem gab es noch weitere Falltore zwischen Stadt und Wald: das Böllenfalltor im Osten, eines in der Kranichsteiner Straße und weitere am jetzigen Hauptbahnhof. „Der Wald war hermetisch abgeschlossen", unterstreicht Rosenstock.

Die Bauern wollten sich das freilich nicht gefallen lassen, klagten sich durch mehrere Instanzen und bekamen letztendlich nach 1848 vorm Reichskammergericht recht. „Es wurde bestimmt, dass wenigstens ein Teil des Waldes der Gemeinde zugesprochen werden muss. Also wurde der Forst geteilt", schildert Rosenstock das Ende der Streitigkeiten.

Wie Stadtarchivar Peter Engels im *Stadtlexikon* schreibt, hatte das Tor mit den Hirschköpfen noch eine weitere Funktion: Es diente auch „als Erheberstelle für das Wechselgeld, das jeder Passant zur Unterhaltung des Überlandwegs zu entrichten hatte. Eingenommen wurde das Geld im benachbarten Falltorhaus".

Übrigens gibt es zu den 282 Kilo (pro Stück!) schweren Hirschköpfen noch eine Anekdote: In den Kriegswirren hatten sie sehr gelitten, waren – wie ihre lebenden Vorbilder zu Barockzeiten – wilden Schüssen ausgesetzt, einer der Hirsche verlor sogar ein Ohr. Engels weiß, wie selbiges wieder zu seinem Besitzer fand: „Nach einem Aufruf der Aktion ‚Schützt Darmstadt' tauchte das Ohr 1980 wieder auf und wurde bei einer Restaurierung der Köpfe, bei der auch Schäden durch Einschüsse aus dem Zweiten Weltkrieg beseitigt wurden, wieder montiert."

Und so thronen sie nach wie vor, tagein, tagaus auf den Pfeilern. Seite an Seite, in trauter Zweisamkeit. Ein Falltor befindet sich lange schon nicht mehr zwischen ihnen. Stattdessen fließt der Verkehr unter ihnen hindurch. Tagein, tagaus. In brummender, rauschender Eintönigkeit.

Eva-Maria Bast

....

So geht's zu den Hirschköpfen:

Sie stehen Ecke Dieburger Straße / An der Fasaneriemauer.

28

Schnitzerei

Blut oder Blume?

Direkt über der Eingangstür des roten Fachwerkhauses an der Niederstraße 2 befindet sich ein schmuckes Wappen aus geschnitztem Holz. „Es zeigt die Blüte einer Glockenblume, darunter zwei Kugeln", erklärt Hans-Wilhelm Schambach. Der Bessunger Bub ist seit mehr als 40 Jahren mit seinem Fotoapparat im Viertel unterwegs. Dabei ist ihm schon so mancher Schnappschuss gelungen, wie 1964 der von Deutschlands erstem Außenminister Heinrich Joseph Maximilian Johann Maria von Brentano di Tremezzo (1904-1964) vor dessen Villa am Steinbergweg (siehe Geheimnis 18). Auch auf den ersten Blick unscheinbare Relikte nimmt der Hobby-Fotograf bei seinen Streifzügen durch die Gassen Bessungens wahr – wie eben das geschnitzte Wappen. Dabei könnte es sich einfach nur um eine Hausmarke handeln, deren Bedeutung im Laufe der Jahrhunderte verloren ging; das Gebäude wurde immerhin schon

1744 erbaut. „Man kann die Schnitzerei aber auch anders sehen", deutet Schambach eine grausame Geschichte an. „Die Blüte könnte eine Todesglocke darstellen und die roten Kugeln erinnern an Blutstropfen." Walter Möbus, Autor des *Bessunger Lesebuchs*, sah darin gar eine Scharfrichtermütze mit zwei Augenschlitzen samt Blut. Eindeutig klären lässt sich dies nicht, obwohl die Vermutung nahe liegt. Denn fest steht, dass es sich bei dem Haus an der Niederstraße 2 um Bessungens ehemaliges Henkershaus handelt.

Dort lebten im 18. Jahrhundert die Scharfrichterfamilien Molter und Schönbein. Deren Aufgabe war brutal und unbarmherzig: Sie folterten und töteten Menschen, die Verbrechen begangen hatten. Doch Todesstrafen und Henker, die sie vollstreckten, gab es schon lange vorher. Dieser Beruf entstand hierzulande im 13. Jahrhundert und entwickelte sich stetig weiter. „Grundlage der Urteilsfindung in der landgräflichen Zeit war die ‚Peinliche Gerichtsordnung' Kaiser Karls V. von 1532, die 1575 von Hessen übernommen wurde und die Folterungen und drakonische Strafen vorsah", beschreibt Walter Möbus. Die Verurteilten wurden gehängt, verbrannt oder geköpft. Die grausamste Art zu sterben war aber das Rädern, das Brechen sämtlicher Knochen auf einem Rad bei lebendigem Leib. Nicht selten dauerte der Todeskampf der Opfer mehrere Tage. „Hinrichtungen waren eine grausame Wissenschaft für sich", findet Schambach. Und sie zogen meist zahlreiche Schaulustige an: öffentliche Tötungen als Spektakel für die Massen.

Bessungens zentrale Hinrichtungsstätte befand sich einst auf dem Galgenberg. „Das ist im heutigen Wolfskehlschen Garten", erklärt Schambach. „Dort, wo heute das Teehäuschen steht, befand sich im Mittelalter der Galgen." Der kam wohl durchaus zum Einsatz, was zumindest für das Ende der Katzenelnboger Zeit belegt ist: 1469 wurden zwei Diebe aus Erzhausen gehängt, 1471 ein Straßenräuber geköpft, 1483 drei weitere Diebe gehängt. Von 1588 bis 1590 wurden fünf Menschen hingerichtet, 1602 eine 19-Jährige wegen Ehebruchs enthauptet, im Jahr darauf ein Falschmünzer verbrannt, 1683 ein Wilddieb aus Frankfurt und so weiter und so fort. Gerädert wurden drei Menschen, wie es im *Bessunger Lesebuch* heißt: 1673 ein Mörder aus Roßdorf, zwei Jahre darauf ein Erhard Schmitt wegen Mordes und

Raubes und 1733 ein Leutnant aus Mainz ebenfalls wegen Raubes. „Der Beruf des Scharfrichters war recht einträglich", fährt Schambach in seiner Erzählung fort. Für das Vorbereiten eines Scheiterhaufens bekam er 3 Gulden, fürs Hängen oder Richten mit dem Schwert gab's je 7 Gulden, 30 Kreuzer und fürs Rädern ganze 22 Gulden. Zum Vergleich: „Ein Tagelöhner erhielt acht Gulden im Monat", ordnet der Bessunger ein.

Doch aller Reichtum nutzte den Scharfrichtern nichts: „Sie genossen kein besonders hohes Ansehen in der Bevölkerung", sagt Schambach. So stehe das Wohnhaus nicht ohne Grund am Rande des alten Bessungens. „In Gasthäusern saßen sie meist isoliert und auch in der Kirche hatten die Henker einen abgesperrten Platz an der Treppe." Heiraten wollte sie schon gar keiner, „also ehelichten die Scharfrichter in der Regel Töchter von Kollegen", weiß Schambach.

So entstanden wahre Scharfrichter-Dynastien. Im Auftrag ihrer Obrigkeit mussten sie zusätzlich zum Henkersamt „schmutzige" Tätigkeiten übernehmen, die kein anderer Bürger verrichten wollte. „Dazu gehörte unter anderem die Aufsicht über die Prostituierten oder die Entsorgung von verendetem Vieh." Letzteres galt umso mehr, als sich im 18. Jahrhundert die Zeiten änderten. Vernunft und Toleranz als Prinzipen staatlichen Handelns rückten in den Vordergrund, Folterungen und Hinrichtungen wurden nach und nach abgeschafft und die Ära der Scharfrichter neigte sich dem Ende zu.

Hans-Wilhelm Schambach ist seit über 40 Jahren mit seiner Kamera in Bessungen unterwegs – auch am ehemaligen Henkershaus.

„Von den Einnahmen konnten sie bald nicht mehr leben", erzählt Schambach, „deshalb begannen die Scharfrichter vermehrt, für Abdecker zu arbeiten." Das wiederum sorgte dafür, dass sich die einst geächteten Familien im Laufe der Jahrzehnte in die Gesellschaft integrieren konnten.

Das ehemalige Scharfrichterhaus an der Niederstraße 2 diente jedenfalls den Scharfrichterfamilien Molter und Schönbein lange als Wohnhaus. In den Bessunger Kirchenbüchern wird Ende des 17. Jahrhunderts erstmals ein Scharfrichter erwähnt: Johann Georg Molter (1661-1732). Ob er das Gebäude gebaut oder gekauft hat, ist nicht überliefert. Als sicher gilt jedoch, dass er die oben genannten Hinrichtungen durchgeführt hat. Ihm folgte sein Sohn Johann Martin Molter (1696-1751) und ab 1740 wird Johann Jakob Molter als Scharfrichter erwähnt, wahrscheinlich ein Bruder von Martin.

Wann genau Familie Schönbein die Molters als Henker in Bessungen ablöste, lässt sich nicht mehr feststellen. Sicher ist aber, dass ein Christian Schönbein (1749-1803) im Jahr 1782 zwei Räuber hinrichtete, die zwei Jahre zuvor einen Postwagen zwischen Bickenbach und Eberstadt überfallen hatten. Sein Sohn Peter Anton heiratete 1805 eine Bürgerliche. Möbus wertet das als Zeichen, dass es zu dieser Zeit keine berufliche Diskriminierung mehr gab. Wie lange die Schönbeins im Haus an der Niederstraße lebten, ist nicht belegt. Auf jeden Fall verfiel es im Laufe der Zeit. Hans-Wilhelm Schambach hat das Haus noch unrenoviert in Erinnerung. „In Zeiten der Analogfotografie lohnte es sich nicht, die *Bruchbude* abzulichten", sagt er und lacht. Inzwischen ist es für den Bessunger Bub das schönste Fachwerkhaus in der Niederstraße. 1981 haben Privatleute das Gebäude aufwendig saniert. Bis heute dient es als Wohnhaus – und noch immer thront das geschnitzte Wappen über dem Eingang.

Kerstin Schumacher

....

So geht's zur Schnitzerei:

Das ehemalige Henkershaus steht an der Niederstraße 2.

An dieser Stelle stand das
Geburtshaus des Polarforschers
1838 CARL WEYPRECHT 1881
Entdecker des Franz Josefs-Landes

29

Gedenktafel

Gletscher, Fjord und Straßenname

ass man eine Insel nach ihm benennt, konnte der bescheidene Mann gerade noch verhindern. Nicht aber, dass man einem Gletscher und einem Fjord seinen Namen gab. Er wurde mit Ruhm überschüttet, was ihm eher peinlich war. Und er stammt aus Darmstadt. Das, bedauert Jochen Werner alias Aurora DeMeehl, sei aber sehr in Vergessenheit geraten. Zwar gibt es in Darmstadt eine Carl-Weyprecht-Straße, aber wer dieser Carl Weyprecht (1838-1881) eigentlich war, wüssten die wenigsten. Und die unscheinbare Gedenktafel an einer Mauer in der Grafenstraße, dort, wo einst sein Elternhaus stand, werde von kaum jemandem beachtet.

Jochen Werner wurde auf die Tafel aufmerksam, als er bei einem seiner zahlreichen Streifzüge durch die Stadt zufällig an ihr vorbeikam. Neugierig geworden, begann er zu recherchieren – und war vollkommen fasziniert von der Geschichte dieses Mannes.

Das Leben des Carl Georg Ludwig Wilhelm Weyprecht beginnt am 8. September 1838 in Darmstadt – und es wird bis zu seinem Ende 1881 ausgesprochen wechselvoll sein. Der Sohn des Hofgerichtsadvokaten Ludwig Weyprecht erhält zunächst Privatunterricht, ab 1852 besucht er das Humanistische Gymnasium der Stadt Darmstadt, ein Jahr später die Höhere Gewerbeschule. Denn da ist ihm schon klar, dass er zur See fahren will, und hier wird er besser darauf vorbereitet als auf dem Gymnasium. Kaum 18 Jahre alt, tritt er 1856 dann auch in die österreichisch-ungarische Kriegsmarine ein und widmet sich schon hier naturwissenschaftlichen Forschungen. „Er kämpfte 1866 in der Seeschlacht von Lissa gegen die italienische Flotte und unterstützte Kaiser Maximilian in Mexiko", erzählt Aurora DeMeehl über die nächsten Stationen des jungen Mannes. Und bald schon wird sein Traum wahr, er darf in die Arktis aufbrechen: „Nach einer gemeinsamen Probefahrt mit dem Arktis-erfahrenen Kaiserjäger-Oberleutnant Julius Payer nach Tromsö und der Beschaffung der notwendigen Gelder startete

Aurora de Meehl präsentiert die Gedenktafel.

man mit dem […] Dreimast-Motorsegler ,Admiral Tegetthoff' im Juli 1872 von Bremerhaven, lag aber schon im Oktober im Packeis nördlich von Nowaja Semlja fest", schreibt Franz Eckhart im *Stadtlexikon*. „Von dem nordwärts driftenden Schiff aus wurde im Folgejahr die Inselgruppe ,Franz-Josef-Land' entdeckt und erkundet." Auch Friedrich Ratzel berichtet in der *Allgemeinen Deutschen Biographie* über das Ereignis. „Am 20. Mai wurde der Rückzug begonnen, auf dem Schlitten und Boote durch den zum Theil schon weichen Schnee geschleppt werden mußten. Die Lasten waren zu groß, um auf einmal fortgeschafft werden zu können, vielmehr mußte jede Wegstrecke drei Mal zurückgelegt werden und an manchem Tag wurde noch nicht eine halbe Meile gewonnen. […] Am 28. Mai wurde die flache Lamont-Insel entdeckt […], zu der aber der Zugang für die Boote durch Wälle von Eistrümmern verbaut war. Da endlich am 24. August tauchten Boote und ein russisches Schiff auf, auf dem die gastfreundlich aufgenommenen Reisenden am 3. September Vardö erreichten."

Und dann also die Heimkehr. Rauschende Empfänge, Schulterklopfen, Begeisterung. Der Arktisfahrer will das alles gar nicht. Es ist ihm peinlich und eine Last. Müde ist er obendrein. Ratzel erklärt: „Unangenehm berührten ihn die raschen Schlüsse, die aus den nur in den allgemeinsten Umrissen bekannt gewordenen Ergebnissen dieser Reise gezogen wurden." Auch habe er sich der Tatsache, dass er eine Insel entdeckte, nicht rühmen wollen. „Das Glück, sagte er, ein neues Land entdeckt zu haben, wiegt das Mißgeschick, das Pech nicht auf, willenlos getrieben worden zu sein."

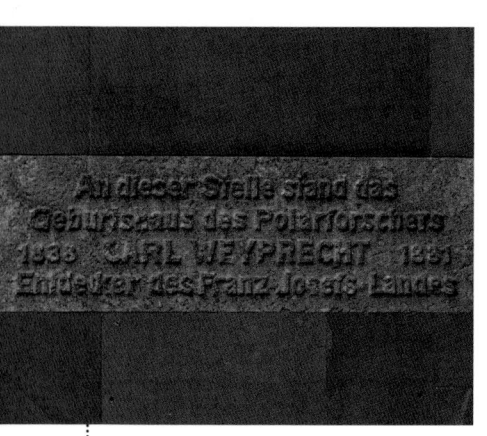

Unzählige Menschen gehen achtlos an der kleinen Tafel vorüber.

Dennoch rafft sich der Artiksforscher nochmal auf, besser gesagt: Er brennt so für seine Bestimmung, dass er keine Ruhe geben kann. 1875 schlägt er vor, die Arktis in internationaler Zusammenarbeit systema-

tisch zu erforschen und Forschungsstationen rund um die Arktis ein-
zurichten. Er findet Gehör, elf Staaten bauen 14 Stationen und führen
ein Jahr lang Untersuchungen durch. Damals „konnten die Geogra-
phischen Mittheilungen mit Recht hervorheben, daß ein macht- und
mittelloser Mann allein durch seine
Begeisterung und seine Leistung *„Er kämpfte 1866 in der See-*
soviel Mittel und Kräfte in Bewegung *schlacht von Lissa gegen die*
gesetzt habe", schreibt Ratzel. Allein: *italienische Flotte und unter-*
Weyprecht, den sein Freund Julius *stützte Kaiser Maximilian in*
Payer (1842-1915) als „begeisterten *Mexiko."*
Forscher und antiken Charakter"
bezeichnet, erlebt all das nicht mehr.
Er stirbt am 29. März 1881 an Lungentuberkulose. Die Welt trauert
um diesen bescheidenen Mann, über den Payer schrieb: „Hätte man
ihn vor die Wahl gestellt, sich in ein Fauteuil zu setzen oder auf eine
Bank, er hätte sich unzweifelhaft auf die Bank gesetzt."

Eva-Maria Bast

So geht's zur Gedenktafel:

*Die Tafel ist an der Hausecke des Gebäudes in der Grafenstraße 43
angebracht.*

30

Notkirche

Eier für den Maler

E s ist alles ein wenig anders in dieser Kirche. Die Dunkelheit rührt nicht daher, dass zu wenig Fensterraum vorhanden wäre. Nein, sie entsteht in erster Linie durch die Bauweise aus Holz. Für Sylvia Theel, Journalistin aus Darmstadt, ist die Matthäuskirche eine ganz besondere – vor allem wegen ihrer Entstehungsgeschichte. Denn sie ist kein gewöhnliches Gotteshaus, sondern entstammt dem Notkirchenprogramm der Evangelischen Kirche in Deutschland nach dem Zweiten Weltkrieg. „Diese Kirche ist für mich ein Sinnbild des Wiederaufbaus und des Glaubens in einem erschütternd zerstörten Darmstadt", sagt sie. „Nur das persönliche Engagement aller Bewohner der Heimstättensiedlung ermöglichte, dass trotz der großen Not in den Nachkriegsjahren wieder eine Kirche entstehen konnte. Mit dem Wenigen, was da war, erfüllten sie sich den innigen Wunsch nach einem Gotteshaus für ihre Gemeinde."

Hat sich das Auge an das etwas dunklere Licht gewöhnt, fällt der Blick auf die Wände zwischen dem hölzernen Fachwerk. Sie sind nicht verputzt. Und direkt auf ihnen finden sich Wandmalereien. Ungewöhnlich. Faszinierend. Die Gemälde zeigen im Chorraum die vier Evangelisten und an den Wänden sieben Szenen des neuen Testaments. Geschaffen hat sie der Mannheimer Maler Will Sohl (1906-1969). „Ein in seiner kargen Schönheit symbolhafter Raum", sagt Sylvia Theel.

Der Mann, dessen Idee den Kirchenbau ermöglichte, war Otto Bartning (1883-1959). Der Architekt leitete vor dem Krieg als Direktor das Bauhaus in Dessau und hat später viele Spuren in Darmstadt hinterlassen. „Die Stadt wusste diesen vorausschauenden und sozialen Architekten sehr zu schätzen und bot ihm 1950 eine Wohnung im Ernst-Ludwig-Haus auf der Mathildenhöhe an", erklärt Sylvia Theel. Unmittelbar nach dem Krieg war Bartning Leiter der Bauabteilung des Evangelischen Hilfswerks. Kein einfacher Job, denn die deutschen

Sylvia Theel vor einem der Gemälde in der Kirche der Matthäusgemeinde: für sie immer wieder ein inspirierender Ort.

Großstädte lagen in Schutt und Asche, viele Kirchen waren zerstört und es gab schlicht zu wenig Raum für Gottesdienste. Und doch war der Wunsch, in Kirchen beten zu können, größer denn je. Gerade an Orten, an denen viele Flüchtlinge und Vertriebene aufgenommen worden waren.

Bartnings geniale Idee war, Notkirchen zu errichten. Kirchen, deren Architektur quasi aus einem Holzbausatzsystem bestand, mit vorgefertigten Teilen, bei dem man vom Dachsparren bis zur Altardecke alles nach Katalog bestellen und zusammenfügen konnte. Im November 1947 erhielt Bartning die Zusage des Hilfswerks der Evangelischen Kirche in Deutschland für 40 Notkirchen à 10.000 Dollar. Finanziert wurden sie durch Spendensammlungen, die bereits während des Krieges in den USA angelaufen waren. Doch für 10.000 Dollar konnte man keine Kirche bauen lassen. Bartning reiste damals selbst von Bauort zu Bauort, um Bauplätze, Material und die Mittel zu prüfen – und natürlich die Bereitschaft der einzelnen Gemeinden, diese Kirchen selbst zu errichten.

Die Gemeinde in der Heimstättensiedlung setzte sich zusammen aus Arbeitslosen, die sich Anfang der 30er-Jahre dort in Selbsthilfe Häuser bauen durften – und zahlreichen Geflüchteten aus Ungarn, Rumänien und Siebenbürgen. Sie entschieden sich für den Bau einer solchen Notkirche. Aber das Holzgerüst allein machte ja noch keine Kirche. Und so wurden die Steine, die zwischen das Fachwerk gemauert wurden, etwa aus Trümmersplitt gefertigt. „Es war nur durch den außergewöhnlichen Zusammenhalt dieser Menschen möglich, diese Kirche zu bauen, obwohl es oft am Nötigsten fehlte. Rund 1.500 Arbeitsstunden brauchte es, das Gotteshaus zu errichten", berichtet Sylvia Theel. Im September 1949 wurde der Grundstein gelegt, im März des darauffolgenden Jahres weihte die Gemeinde die Kirche bereits ein.

In Ei-Tempera direkt auf die Wände gemalt – Will Sohl hat etwas Besonders geschaffen.

49 evangelische Notkirchen wurden nach dem Zweiten Weltkrieg in Deutschland errichtet. „Die Matthäuskirche war dabei ein kompletter Neubau. Durch das Notkirchenprogramm sanierten andere Städte auch teilweise zerstörte Kirchen", so Sylvia Theel. „Und auch wenn der Name es vermuten lässt – die Notkirchen waren keinesfalls als Provisorien konzipiert." Das sieht man auch an der Kirche in der Darmstädter Heimstättensiedlung, die 70 Jahre nach dem Bau immer noch in frischem Glanz erstrahlt. Trotz der seriellen Herstellung und obwohl Bauteile und Ausstattungsstücke wie Empore, Fenster, Gestühl, Türen und Leuchtkästen je nach Bedarf aus dem Katalog stammten, gleicht keine Notkirche der anderen. 1959 entwarf Otto Bartning auch noch einen zur Kirche passenden Glockenturm. 1960 wurden die vier Kirchenglocken geweiht. „Das allerdings konnte Otto Bartning nicht mehr erleben", sagt Sylvia Theel, „er starb bereits im Februar 1959."

Für die ganz besondere Atmosphäre im Innern der Kirche zeichnen jedoch vor allem die anfangs erwähnten Wandmalereien von Will Sohl verantwortlich. „Otto Bartning wollte seine Kirchen auf keinen Fall mit chemischen Farben bemalt wissen. So hat Will Sohl beschlossen, die Bilder in Ei-Tempera zu malen, direkt auf den Stein." Diese Farben sind besonders haltbar – und man sagt, dass sie Jahr für Jahr schöner würden. „Doch nach dem Krieg waren Nahrungsmittel und Eier nichts, was man um die Ecke einfach kaufen konnte. So spendeten die Gemeindemitglieder ihre Eier, damit der Maler seine Farben herstellen konnte." Sylvia Theel resümiert: „Es war letztlich die Tatkraft der Gemeindemitglieder und die Vision Otto Bartnings, eines genialen Architekten der sozialen Moderne, die diesem Gotteshaus Leben eingehaucht haben."

Michael Kibler

....

So geht's zur Notkirche:

Die Kirche liegt am Heimstättenweg 75.

Schlussstein

Der Blick der Madonna

F ragt man Kirchenvorstand Dr. Ralf Köbler nach einem spannenden Relikt in der Stadtkirche, einem Geheimnis, das in enger Verbindung mit der Geschichte des Gotteshauses steht, dann zögert er nicht lange und deutet am Übergang zwischen Langschiff und Chor nach oben an die Decke.

Und da ist sie. Strahlend schön, wie einem Gemälde Raphaels entsprungen: eine kleine Madonna hoch oben auf dem Schlussstein. „Sie ist ein signifikantes Zeichen dafür, dass die Kirche einmal katholisch war", sagt Köbler. „Eigentlich ist sie das einzige Katholische, was noch geblieben ist." Wohl seit der Mitte des 16. Jahrhunderts wacht sie über das Gotteshaus, dessen Ursprung, wie Köbler sagt, vermutlich in der Mitte des 14. Jahrhunderts liegt, genaueres lasse sich nur schwer sagen. Wahrscheinlich entwickelte sich die Kirche aus einer Kapelle, die 1369 schon stand und eine Nebenortskapelle war, „denn der Hauptort, der Ursprungsort war ja damals Bessungen", erinnert der Kirchenvorstand. Vermutlich ab dem 16. Jahrhundert habe sich um die Kapelle herum ein Friedhof entwickelt. Indes wuchs das kleine Gotteshaus immer weiter. Der Chor wurde wohl 1430 auf seine heutige Größe gebracht, die Seitenschiffe seien in der Barockzeit entstanden. „Es ist ganz charakteristisch, dass an der Kirche immer wieder gebaut und erweitert wurde", merkt Ralf Köbler an. „Das lag auch mit daran, dass sie irgendwie immer zu klein war." Bis zum Jahr 1526 war sie der heiligen Maria geweiht und die Madonna auf dem Schlussstein wachte gewissermaßen als Patronin über die Gemeinde.

Dann kam die Reformation und Darmstadt wurde als eine der ersten Städte in Hessen lutherisch. „Eingeführt hat die Reformation Landgraf Philipp der Großmütige", sagt Köbler. „Er regierte seit 1518 und hatte Luther im Jahr 1521 auf dem Reichstag zu Worms kennengelernt." 1524 trat Philipp der Großmütige (1504-1567) selbst zum lutherischen Glauben über, zwei Jahre später habe er sich auf dem Reichstag zu

Dieser Schlussstein hat eine ganz besondere Geschichte.

Speyer als bekennender Lutheraner „geoutet", wie Stadtarchivar Peter Engels im *Stadtlexikon* schreibt. Auf ebenjenem Reichstag wurde auch beschlossen, dass „jeder Reichsstand in Glaubenssachen so entscheiden könne, wie er es gegenüber Gott und dem Kaiser zu verantworten vermochte", fasst Engels zusammen. Das ließ sich Philipp der Großmütige nicht zweimal sagen und führte die Reformation in Darmstadt ein. „Eine Versammlung geistlicher und weltlicher Würdenträger in Homburg an der Efze – auch Vertreter aus Darmstadt waren anwesend – verpflichtete im Oktober 1526 alle hessischen Pfarrer, das Evangelium nach der Lehre Martin Luthers zu predigen", schreibt Engels weiter. „In den kommenden Jahren wurden 20 Männer- und 17 Frauenklöster in Hessen aufgehoben."

Damit war die Madonna gewissermaßen ihrer Funktion enthoben. Aber sie durfte bleiben, an ihrem angestammten Platz hoch oben im gotischen Netzgewölbe, und erlebte von dort aus, wie die sechs Altäre außer dem Hochaltar abgebaut wurden, wie Nikolaus Maurus (1483-1539) neuer Stadtpfarrer wurde, wie nun Menschen reformierten Glaubens Tag für Tag das Gotteshaus betraten, wie die Kirche im Klassizismus umgebaut wurde. Und sie erlebte auch, wie alles um sie herum in Flammen aufging, im Zweiten Weltkrieg, zwei Wochen vor der Brandnacht am 11. September 1944. Doch das ist eine andere Geschichte, die wir auf Seite 145 erzählen.

Eva-Maria Bast

So geht's zum Schlussstein:

Er befindet sich im Netzgewölbe der Stadtkirche zwischen Altar und Langhaus. Adresse: An der Stadtkirche 1.

Das Haus verrät: „Ich bin nicht Baujahr 1864!"

Schild

Eine Stadt baut mit dem Bauverein

Das Haus in der Dieburger Straße 42 ist eindeutig ein Nachkriegsbau. Und doch verweist das historisch wirkende Schild am Eingang auf das Jahr *1864*. *Bauverein – Arbeiterwohnungen*, kann man unter der Jahreszahl lesen. Wer wachen Blicks in der Stadt spazieren geht, kann ebenjenes Schild noch an einigen anderen Hauswänden entdecken. Und all diese Häuser wurden definitiv später gebaut. Da, mag sich der aufmerksame Betrachter denken, passt was nicht. Oder doch?

Doch! Denn das Schild verweist nicht auf das Alter des Gebäudes, sondern auf das Gründungsjahr des „Bauvereins für Arbeiterwohnungen", schon damals eine Aktiengesellschaft. Denn schon zur Zeit der Gründung war die Wohnsituation in Darmstadt alles andere als entspannt: Innerhalb von 30 Jahren, von 1835 bis 1865, war die Bevölkerung in Darmstadt von 25.000 auf über 35.000 Einwohner angestiegen, also um mehr als 40 Prozent, die einsetzende Industrialisierung zog Arbeitskräfte in die Stadt. Also gründete sich der Bauverein mit dem Zweck, die bestehende Wohnungsnot zu beheben. Die ersten vier Bauvereinshäuser entstanden bis 1869 im Johannesviertel. Die Mieter waren Arbeiter und ihre Familien aus der nahegelegenen Maschinenfabrik der Hessischen Ludwigsbahn.

Der Bauverein boomte: Um 1900 gab es bereits 125 neue Wohnungen im Industriegebiet im Nordwesten Darmstadts. Über die Jahre hinweg erfolgte eine immer stärkere Verzahnung mit der Stadt Darmstadt, die 1929 Hauptaktionär wurde. 1957 erwarb sie alle Aktien. 2003 vergrößerte sich der Bauverein noch einmal deutlich: Er fusionierte mit der Darmstädter Wohnungsbaugesellschaft HEGEMAG. Knapp 17.000 Wohnungen gehören derzeit zum Bestand.

Auch neuere Häuser des Bauvereins in Darmstadt tragen alte Schilder.

Und so sehr der Bauverein effizientem Bauen verpflichtet ist, so fühlt er sich doch auch immer wieder in der Pflicht, architektonisch sehr anspruchsvolle Gebäude bauen zu lassen: So ist die berühmte Darmstädter Waldspirale, von Friedensreich Hundertwasser (1928-2000) entworfen, von der Bauverein AG realisiert worden. Und er fühlt sich den Wurzeln immer noch verpflichtet. Wie auch das historische Schild unterstreicht.

Michael Kibler

So geht's zum Schild:

Das Haus steht in der Dieburger Straße 42.

*Alexander Gries hat es sich auf der Bank, die auf
dem Naturbalkon steht, gemütlich gemacht.*

33

Naturbalkon
Der weiße Nebel wunderbar

Wenn der Mond aufgegangen ist, dann prangen die goldnen Sternlein sicherlich auch am Darmstädter Himmel
hell und klar. Ob das aber reichte, den Dichter Matthias
Claudius (1740-1815) zu dem bekannten Abendlied *Der
Mond ist aufgegangen* zu inspirieren, will heißen, ob das bekannte Lied,
von dem 78 Vertonungen existieren, wirklich in Darmstadt entstand,
das ist nicht gewiss. Da streiten sich die Geister.

Alexander Gries hält das für gut möglich – er findet den Platz, an
dem Matthias Claudius zu dem Text inspiriert worden sein soll, ausgesprochen stimmig. Und da ist er nicht der Einzige: An jenem Ort,
den der Freimaurer meint – im Wald, am Schnampelweg, auf einem
kleinen Naturbalkon, einer Plattform seitlich des Wanderwegs mit
Blick auf den Darmbach und die Darmbachauen – wurde Matthias
Claudius zu Ehren eine Tafel aufgestellt, auf der der Liedtext geschrie-

ben steht. Die erste Strophe lautet: „Der Mond ist aufgegangen, / die goldnen Sternlein prangen, / am Himmel hell und klar. / Der Wald steht schwarz und schweiget / und aus den Wiesen steiget, / der weiße Nebel wunderbar."

„Hier stand früher auch eine Claudius-Eiche, ihm zu Ehren", sagt Gries. Und: „Dieser Ort als Inspiration scheint mir auch insofern glaubwürdig, als die in den Darmbachauen herrschende Feuchtigkeit als weißer Nebel, der ja auch im Abendlied vorkommt, ganz wunderbar aufsteigen kann. Ohnehin passt das Landschaftsbild zu dem Lied. Das berührt mich persönlich mehr als jeder Versuch, historisch exakte Nachweise zu führen. Das Ambiente des Geländes um die Claudiusanlage drumherum vermag die Stimmung des Abendliedes klar zum Leben zu erwecken."

An diesem Ort ist vielleicht das berühmte Abendlied des Matthias Claudius entstanden.

Fakt ist jedenfalls, dass das Abendlied etwa zu einer Zeit entstanden ist, als Matthias Claudius tatsächlich ein Jahr lang in Darmstadt weilte, vielleicht auch etwas früher oder später. „Er war auf Betreiben seines Freundes Johann Gottfried von Herder hierhergekommen und hatte eine Stelle bei einer *Hessen-Darmstädtischen privilegierten Land-Zeitung* angenommen. Herder war Freimaurer und Matthias Claudius ebenfalls für einige Jahre", sagt Gries. „Nach einem Jahr in Darmstadt, 1776, ist er allerdings schon wieder zurück nach Wandsbek bei Hamburg gegangen, weil er mit den hier herrschenden hierarchischen Verhältnissen nicht zurechtkam." Dass das Lied in Darmstadt entstanden ist, hält Dr. Fritz Deppert im *Stadtlexikon* allerdings für unwahrscheinlich: „Sein berühmtes Lied ‚Der Mond ist aufgegangen' soll in Darmstadt auf dem Schnampelweg entstanden sein, stammt aber wohl aus den Jahren 1778 oder 1779." Auch Literaturwissenschaftler Reinhard Görisch stellt eine Entstehung in Darmstadt in einem Interview mit dem NDR zumindest stark infrage: „Als Claudius aus Darmstadt [...] zurückkehrte, hat er, um seine Finanzen aufzubessern, rasch den dritten Teil seiner sämtlichen Werke zusammengestellt und hat in der Ankündigung mehr Umfang versprochen, als er dann tatsächlich liefern konnte. Hätte er das Abendlied aus Darmstadt im Gepäck gehabt, dann hätte er es mit Sicherheit in diesen Band noch reingebracht." Die Freimaurer wollen sich aber von dem Gedanken nicht trennen und begründen: „Er hatte zwar das Abendlied aus Darmstadt im Gepäck, aber es sollte nicht in diesem Band deplatziert untergehen. Der immense Erfolg seines Abendlieds spricht für dieses Vorgehen."

Ob Darmstadt oder nicht, Fakt ist, dass das Lied große Berühmtheit erlangte: Der ehemalige Bundeskanzler Helmut Schmidt (1918-2015) wünschte sich, dass es beim Trauergottesdienst seiner Beerdigung gesungen werde. Reinhard Meys Lied „Alter Freund" endet mit dem Halbsatz aus besagtem Abendlied „Und unsern kranken Nachbarn – auch". Und dass der weiße Nebel aus den Auen an diesem Ort ganz wunderbar aufsteigt – zumindest das ist unbestritten.

Eva-Maria Bast

....

So geht's zum Naturbalkon:

Der Naturbalkon mit der Tafel, auf der der Liedauszug des Abendlieds von Matthias Claudius geschrieben steht, befindet sich am Schnampelweg. Wenn man ihm vom Vivarium aus in den Wald folgt, findet man den Platz nach etwa 15 Minuten Fußweg auf der rechten Seite.

34

Wappen

Lieferant des Großherzogs

Ganz unscheinbar hängt es an einer milchig-gläsernen Wand, wer nicht weiß, dass es da ist, übersieht es leicht. Wessen Blick dagegen auf die große, links und rechts von Löwen flankierte Krone fällt, mag stutzen. Alt und altehrwürdig zugleich sieht das gusseiserne Gebilde aus, das so gar nicht in seine moderne Umgebung zu passen scheint. Dabei erzählt das Hoheitszeichen ein Stück Darmstädter Geschichte, die eng mit der Firma Hufnagel verknüpft ist. Und genau da befindet es sich auch: im Lederwarengeschäft Hufnagel mitten in der Innenstadt, präzise: an der Elisabethenstraße 17, Ecke Wilhelminenstraße.

Dass es dort ist, verdankt das Wappen dem ehemaligen Inhaber des Ladens, Hans Maschmann. Bis zum Sommer 2018 führte er das Geschäft fast 40 Jahre lang in vierter Generation. „Gründer des Unternehmens war mein Urgroßvater Adam Hufnagel", erzählt Maschmann. Adam, geboren 1838, war ursprünglich kein Darmstädter, sondern zog als wandernder Handwerksgeselle umher – bis sich der Sattler der Liebe wegen hier niederließ und 1868 heiratete. Schon im November 1867 hatte er im *Darmstädter Tagblatt* für die Eröffnung seines Ladens geworben. „Er verkaufte vor allem selbst gefertigtes Zaumzeug und Sättel, aber auch Reisegepäck." Die Geschäfte liefen so gut, dass Adam Hufnagel schon bald das unbebaute Grundstück an der Elisabethenstraße erwerben konnte und dort das Haus errichtete, das ihm neben dem Laden auch Platz für Werkstatt und Wohnung bot.

Kerngeschäft war lange die Ausrüstung der Großherzoglich-Hessischen Offiziere. In den 1870er-Jahren wurde Adam Hufnagel zum Großherzoglich-Hessischen und bald darauf auch zum Kaiserlich-Russischen Hoflieferanten ernannt. Als Auszeichnung erhielt er das Großherzoglich-Hessische Wappen, das er stolz über der Eingangstür anbrachte. Dort blieb es viele Jahre Wahrzeichen des Ladens. Wann genau Adam Hufnagel diese Ehre zuteil wurde, lässt sich heute nicht mehr klären. „In der Brandnacht sind sämtliche Papiere und Unterlagen verbrannt", bedauert Maschmann.

Jedenfalls übernahm 1906 Adam Hufnagels Sohn Hermann das Geschäft und führte es bis zum Bombenangriff auf Darmstadt am 11. September 1944. Dabei wurde das Hufnagel'sche Haus wie so viele andere komplett zerstört. Nur das Wappen ragte aus den Trümmern empor und konnte gerettet werden. Hermann verließ die Stadt, sein Neffe Helmut Maschmann übernahm. Mit ihm begannen 1948 die Wiederaufbauarbeiten. Im Jahr darauf wurde zunächst der Laden wiedereröffnet, 1952 dann der erste Stock fertig gestellt, seit 1959 hat das Gebäude seine heutige Höhe. Das Wappen jedoch fand den Weg nicht zurück über die Eingangstür. Im Hinterhof abgelegt, fristete es jahrelang ein Schattendasein und geriet beinahe in Vergessenheit – bis 1982 mit Hans Maschmann die nächste Generation die Geschicke des Geschäfts übernahm. „Ich habe das Schmuckstück im Hof entdeckt und mir war sofort klar: Das Wappen muss wieder an seinen alten Platz." Im Zuge notwendiger Umbau- und Modernisierungsarbeiten 1987 schien die Gelegenheit gekommen. Doch Maschmann hatte die Rechnung ohne den Architekten gemacht. „Ich wollte unbedingt einen prominenten Platz mitten im Laden, der Architekt hätte das Wappen am liebsten entsorgt." Geeinigt haben sich die beiden schließlich auf die Glas-Stahl-Konstruktion am Rande des Schaufensters. „Der Architekt hat mich mit dem Argument überzeugt, dort würde man das Wappen von innen und außen sehen", schmunzelt Maschmann. Und dort erinnert es bis heute an die glorreichen Anfänge des Hoflieferanten.

Kerstin Schumacher

....

So geht's zum Wappen:

Das Geschäft befindet sich an der Elisabethenstraße 17, Ecke Wilhelminenstraße. Das Wappen hängt im Schaufenster.

Ingeburg Kibler sonnt sich vor der Reliefwand des
Ernst-Ludwig-Brunnens.

35

Blubberfrosch
Wo einst das Haus der Rosen stand

Nein, er schleudert keine hohen Wasserfontänen in die
Luft. Er ist eher ein bescheidener Brunnen. Und man
muss schon nah herangehen, um dem Wasserspiel zuzu-
schauen und das typische Blubbern zu hören – wenn er
denn eingeschaltet ist. Ingeburg Kibler kennt den Brunnen schon
lange: Sie hat häufig ihre Eltern im nahegelegenen Lucasweg besucht,
bevor sie selbst hierherzog. „Dann hat mein Vater beim abendlichen
Spaziergang mit seinen Enkeln stets diesen Ort aufgesucht. Er nannte
ihn immer den Blubberfrosch, ein Name, den meine beiden Söhne
heute immer noch für den Brunnen verwenden", sagt Ingeburg Kibler.

Dabei ist der offizielle Name des Brunnens auf der Mathildenhöhe viel bedeutungsschwerer: 1959 errichtet, heißt er seit der Einweihung 1965 „Ernst-Ludwig-Brunnen", benannt nach dem letzten Großherzog von Hessen und bei Rhein. „Und er hatte, bevor er an diesen Platz kam und ‚Blubberfrosch' genannt wurde, schon einige Stationen hinter sich", berichtet Ingeburg Kibler. „Sein erster Standort lag in Belgien, genauer gesagt in Brüssel." 1958 fand dort die Weltausstellung statt, und der Brunnen, entworfen von Bildhauer Karl Hartung (1908-1967) und Architekt Otto Bartning (1883-1959), zierte das deutsche Areal. Durch eine Öffnung im Boden eines Eckpavillons konnte man auf den Brunnen schauen oder die Brunnengrotte sogar begehen. Die Unterseite des Bodens, also die Decke über dem Brunnen, verstärkte das Blubbern noch akustisch. „Mit dieser Installation wollte man die deutschen Heilbäder bewerben", weiß die Wahl-Darmstädterin. Noch auf der Weltausstellung kaufte die Stadt Darmstadt Relief und Brunnen, um beide am heutigen Standort zu installieren.

Der Ernst-Ludwig-Brunnen: weit gereist und doch nur Ersatz für ein ehemaliges Haus.

Schweift der Blick vom Brunnen ein wenig nach rechts, fällt er auf das altehrwürdige Ernst-Ludwig-Haus, in dem heute das Museum Mathildenhöhe untergebracht ist. Es war ursprünglich das Ateliergebäude der ersten Jugendstilausstellung auf der Mathildenhöhe von 1901, in deren Zuge im Jahr davor mehrere Häuser gebaut wurden, auch an dem Platz, an dem sich heute der Brunnen befindet, der sozusagen ein Haus ersetzte. Architekt Josef Maria Olbrich (1867-1908), der fast alle Bauten für diese Ausstellung geplant hatte, zeichnete auch für dieses Haus verantwortlich. Das Gebäude, das heute nicht mehr steht, war das Wohnhaus des Malers Hans Christiansen (1866-1945) und trug deshalb auch seinen Namen. Nach des Malers Entwürfen überzogen Glasmosaiken die Erker, und die Dachlaube wurde mit gemaltem Rosenschmuck verziert. „Den zeitgenössischen Angaben zufolge war Christiansens Domizil ein bunter Blickfang", so Ingeburg Kibler, die aus privatem Interesse über Brunnen und Standort geforscht hat.

Die Bomben der Brandnacht vom 11. September 1944 zerstörten das Haus so stark, dass es nicht wiederaufgebaut wurde. Erst Ruine, dann Brache, zog 15 Jahre nach der Bombennacht der Brunnen an diese Stelle. Doch über dem friedlichen Blubbern am Fuß der Mathildenhöhe schwebte für einige Jahre ein Damoklesschwert: An die Stelle des Brunnens sollte ein Museumsbau rücken, das Museum Sander, benannt nach der Wella-Erbin Gisa Sander und ihrem Mann Hans-Joachim. Sie wollten darin ihre umfangreiche Kunstsammlung der Öffentlichkeit zugänglich machen. „Ein schwerer Streit entbrannte sowohl um das Aussehen des potenziellen Museums als auch um dessen Standort", erinnert sich Ingeburg Kibler. Das Fazit: Der Museumsbau ist vertagt, der Brunnen sprudelt immer noch an derselben Stelle. „Und wenn es nach mir geht", so Ingeburg Kibler, „dann darf er das gerne auch noch lange weiter tun."

> *„Den zeitgenössischen Angaben zufolge war Christiansens Domizil ein bunter Blickfang."*

Michael Kibler

So geht's zum Blubberfrosch:

Der Ernst-Ludwig-Brunnen ist im Alexandraweg gelegen, direkt gegenüber dem Haus mit der Nummer 25, besser bekannt unter dem Namen „Kleines Haus Glückert".

36

Jagdschirm

Nicht durch die Lappen gegangen

Verwunschen, fast schon idyllisch wirkt der kleine runde Bau an der Hengstriedwiese mitten im Kranichsteiner Wildschutzgebiet. Etwa zwei Meter ragt das von Moos und Efeu bewachsene Mauerwerk nach oben. Ein Turmstumpf? Darauf lassen zumindest die Schießscharten schließen, anhand derer man schon erahnen kann, dass das Bauwerk eher zu martialischen als zu idyllischen Zwecken errichtet worden war. Ein Wehrturm? Diente es vielleicht einst dem Schutz des nahegelegenen und ab 1578 von Landgraf Georg I. von Hessen-Darmstadt (1547-1596) errichteten Jagdschlosses? „Weit gefehlt", winkt Arnulf Rosenstock, seines Zeichens Forstamtschef a.D., ab. Zwar hat das Halbrund mit dem Schloss zu tun – aber auf ganz andere Weise. Die Geschichte, die Rosenstock nun erzählt, ist blutrünstig und aus dem heutigen Jagd- und Tierschutzverständnis heraus auch ziemlich absurd. Sie hat mit aneinandergebundenen Stofffetzen, sogenannten Jagdlappen, zu tun, die im Wald aufgehängt wurden, mit absolutistischen Fürsten, mit jagdbaren Tieren, die um ihr Leben rennen, und mit der Redewendung „Durch die Lappen gehen". Die Geschichte geht so: „Wenn in der Barockzeit eingestellt, das heißt mit Tüchern eingehegtes Wild gejagt wurde, dann wurden die Gebiete, in denen das Wild gejagt werden sollte, mit Jagdlappen abgegrenzt, auf denen Türken abgebildet waren", sagt Rosenstock. Was paradox klingt, folgte der Logik des Barock: Es war die Zeit der Türkenkriege, die sich über Jahrhunderte hinzogen. Mit der Folge, dass die Osmanen für ihre Gegner und somit auch für die Darmstädter ein großes Schreckensbild waren. „Und man dachte: Wovor sich die Menschen fürchten, fürchten sich auch die Tiere", klärt Rosenstock auf. „Man ging davon aus, dass die Tiere vor Tüchern, auf denen Türken abgebildet sind, vor Angst zurückweichen und sie nicht durchbrechen, also nicht durch die Lappen gehen würden."

Arnulf Rosenstock lugt durch die Schießscharte im Jagdschirm.

133

Durch Befreien des durch Leinentücher eingegrenzten Fangs wurde das Wild nun auf das so idyllisch aussehende runde Mauerwerk zugetrieben – das damals genau die gleichen Ausmaße hatte wie heute:

Was so idyllisch aussieht, wurde einst zu martialischen Zwecken errichtet.

„Das ist ein Jagdschirm", erklärt Rosenstock. „Dahinter saßen die Jäger und schossen, sicher abgeschirmt vor heranstürmenden Wildschweinen und Hirschen, auf das Wild." Eine ausgesprochen brutale und blutrünstige Weise der Jagd sei das gewesen, eine Tötungsorgie, bemerkt Rosenstock. „Das war reines Tötungsverlangen, das hat mit Ethik nichts zu tun, zumal dieses Wild später noch nicht einmal von den Jägern verspeist wurde."

Die Tiere, die sich zwischen Lappen und Tücher bewegten, hatten also nur eine einzige Chance, um ihr Leben zu retten. Sie mussten ihren Verfolgern und den Wächtern durch die Lappen gehen. Und zwar sprichwörtlich.

Eva-Maria Bast

So geht's zum Jagdschirm:

Er steht mitten im Wald an der Hengstriedwiese: Wenn man vom Jagdschloss Kranichstein die Kernschneise nach Norden entlanggeht, findet man ihn hinter dem Gattertor auf der linken Seite.

Beim Anblick der verbliebenen Holzpflastersteine im Schaukasten kommt Christoph Beck ins Schwärmen über vergangene Technik.

37

Schaukasten
Blick in die Vergangenheit

D ie Hochschulstraße ist ein wahres Schmuckstück. In den vergangenen Jahren hat sie auf ihrer ganzen Länge ein ansehnliches Straßenbild erhalten: Mit ebenmäßigem Asphalt und hübschen roten Pflastersteinen macht sie eine gute Figur zwischen den altehrwürdigen Gebäuden der einstigen Technischen Hochschule (heute Universität) Darmstadt. Auf der Fahrbahnmitte sausen Radfahrer zwischen Kantplatz und Herrngarten hin und her, ganz unbehelligt von Autos und Fußgängern. Erstere hat die Stadt aus der inzwischen verkehrsberuhigten Zone verbannt, Letztere nutzen die breiten Gehwege am Rand der Straße. Das war nicht immer so. Vor der grundhaften Erneuerung 2013 fuhren die Radfahrer Schlangenlinien auf der Schlaglochpiste, notdürftig aufgebrachte Asphaltflicken prägten das Erscheinungsbild. Frostschäden im Winter 2010 machten der Fahrbahn zusätzlich zu schaffen – und

135

förderten Erstaunliches zutage. Aus der löchrigen Asphaltdecke blitzten hier und da schwarze Brocken hervor.

Der Fund ließ das Herz von Christoph Beck höher schlagen. Für ungeübte Augen brüchige alte Steine, für den Stadtplaner und Denkmalpfleger ein spannendes Relikt der Darmstädter Straßenbaugeschichte. „Das ist schon etwas Besonderes", erklärt Beck, der im städtischen Denkmalamt arbeitet. Denn bei den Brocken handelt es sich um historisches Holzpflaster, dessen Überreste heute in einem Schaukasten am Straßenrand zu sehen sind.

1894 wurde die Hochschulstraße im Zuge der Bauarbeiten am TH-Hauptgebäude und den gegenüberliegenden Instituten angelegt. Fünf Jahre später haben Mitarbeiter einer Wiener Firma dort Pflaster aus steirischem Kiefernholz verlegt, 1908 kam weiteres Holz dazu. „Die Straße entlang des Herrngartens an der Westseite des Hauptgebäudes wurde mit Eichenholz ausgelegt", sagt Beck. Zu diesem Zeitpunkt hatte sich Holzpflaster in den europäischen Hauptstädten des 19. Jahrhunderts längst bewährt, bot es doch viele Vorteile gegenüber der Pflasterung mit Steinen. Holz war elastisch, doch zugleich eben und fest. Der Verkehr rollte darauf schneller und leiser, Pferde und Wagen wurden geschont. In Darmstadt kam das Holz vor allem auf Wunsch der Professoren und Studenten zum Einsatz. Denen war es in den Hörsälen angeblich zu laut. Statt dem üblichen Basaltpflaster sollte das Holz Geräusche dämpfen und die Akademiker vor zu viel Lärm schützen – früher Flüsterasphalt sozusagen.

Der Schaukasten zeigt ein spannendes Relikt der Darmstädter Straßenbaugeschichte.

Den Krach verursachten vor allem eisenbeschlagene Pferdehufe und Räder der Karren, wenn die Bauern aus dem Martinsviertel mit ihren Waren auf den Markt fuhren. Doch das ist nur die halbe Wahrheit, vermutet Christoph Beck: „Vielleicht ging es auch darum, dass die Versuche im Physik-Institut störungsfrei laufen konnten." Holzpflaster, damit feinste Messungen nicht verfälscht wurden. Doch das hatte auch einen entscheidenden Nachteil: „Der Aufwand für die Instandhaltung war sehr hoch." Zum Schutz vor dem Verfaulen musste das Naturprodukt einmal jährlich mit Teeröl imprägniert werden. Die Qualität des Pflasters hing zudem von der Sorgfalt beim Verlegen ab. Die Holzklötze wurden in Reihen gesetzt, die Fugen mit dünnen Leisten gesichert und mit Mörtel oder Asphalt gefüllt. Das fertige Pflaster wurde regelmäßig mit Sand und Kies beworfen. Die Räder zerrieben die Steinchen beim Darüberfahren, die so in die Poren des Holzes gepresst wurden. Das festigte die Oberfläche und sorgte für eine zähe und wasserfeste Schicht. Die Haltbarkeit des Pflasters sollte acht bis 18 Jahre betragen.

Seit ihrem Bau mauserte sich die Hochschulstraße für mehr als fünf Jahrzehnte zur zentralen Verkehrsachse, die das Martinsviertel mit der Innenstadt verband. In einem eleganten Bogen führte sie auf den Karolinenplatz. Von dort floss der Verkehr über Paradeplatz (heute Friedensplatz) und Schloss weiter in die Kirchstraße oder zum Luisenplatz. Im Laufe der Zeit sind insgesamt 1912 Quadratmeter Holzpflaster unter der Asphaltschicht verschwunden. Doch als es freigelegt wurde, war erstens die Kontamination mit dem Teer so stark und zweitens das Holz so morsch, dass der historische Belag nach der Straßensanierung nicht wieder eingesetzt wurde. Die TU beschloss seinerzeit die Entsorgung des Holzpflasters – bis auf zwei gut erhaltene Quadratmeter. Die wurden, gewissermaßen als Fenster in die Vergangenheit, in einen Schaukasten integriert, der heute am nördlichen Wegesrand der Hochschulstraße liegt.

Kerstin Schumacher

....

So geht's zum Schaukasten:

Die Vitrine liegt am nördlichen Rand in der Hochschulstraße.

38

Wettertrompete

Krönung der größten Jazzsammlung in Europa

Sie haben eine lange Tradition: Wetterhähne. Bereits im 9. Jahrhundert zierten sie Kirchtürme oder Hausdächer. Auf dem Dach des Gebäudes in der Bessunger Straße 88 jedoch thront eine Wettertrompete. „Wahrscheinlich ist sie die einzige auf der ganzen Welt", sagt Wolfram Knauer vom Jazzinstitut in Darmstadt mit einem Schmunzeln. Seit dem 1. September 1990 leitet er das Institut – also vom ersten Tag seines Bestehens an. Gespendet hat den einmaligen Dachaufsatz der Darmstädter Architekt Ernst-Friedrich Krieger.

Das schmucke Gebäude, in dem das Jazzinstitut untergebracht ist, ist ziemlich genau 300 Jahre alt. Es handelt sich um das größte Haus des Ensembles „Bessunger Jagdhof". „Von hier aus startete Landgraf Ernst Ludwig (1667-1739) seinerzeit seine Parforcejagden. Sie waren beim Adel weitaus beliebter als bei den Bauern, deren Felder nach einem solchen Ritt eher einem Schlachtfeld glichen", erläutert Knauer die Historie.

Doch wieso ausgerechnet die Trompete als Windanzeiger? Sie gilt als das Hauptinstrument des Jazz. Zumindest sah das Joachim-Ernst Berendt (1922-2000) in seinem Standardwerk *Das Jazzbuch* so, und das bereits in der ersten Auflage von 1953. Duke Ellington, Miles Davis oder John Coltrane – auch wer Jazz nicht hört, kennt zumindest die Namen der bekannten Jazz-Trompeter. Berendt war über 40 Jahre lang Redakteur beim damaligen Südwestfunk in Baden-Baden – und hatte sich um den Jazz seit den 50er-Jahren bis zu seinem Lebensende verdient gemacht. Sein Jazzbuch gilt als das deutschsprachige Standardwerk und wird in überarbeiteten und erweiterten Versionen auch heute noch angeboten.

Und ohne Joachim-Ernst Berendt gäbe es auch kein Jazzinstitut. Denn die Geschichte des Jazzinstituts geht trotz seiner Gründung 1990 schon auf das Jahr 1983 zurück. Damals konnte die Stadt die Samm-

....

Wolfram Knauer vor dem Jazzinstitut in Darmstadt – dem Haus mit der Wettertrompete. Neben ihm steht die Bronzefigur „Little Walter" des Darmstädter Bildhauers Detlef Kraft.

lung des Jazzpapstes Berendt ankaufen. Zunächst nur als Erweiterung des renommierten Darmstädter Internationalen Musikinstituts gedacht, wurde das Oeuvre die Grundlage einer eigenständigen städtischen Einrichtung.

Das Gebäude im Stadtteil Bessungen und das Außenlager in Griesheim beherbergen inzwischen Europas größte öffentliche Jazzsammlung. „Und weltweit stehen wir – nach New York und New Orleans – an dritter Stelle", so Knauer. Das Institut versteht sich dabei nicht nur als Forschungsstelle. Geschätzt bietet die Einrichtung eine Heimat für über 80.000 Tonträger, darunter neben klassischen LPs, Singles und CDs auch über 14.000 Schellackplatten.

„Uns erreichen pro Tag bis zu 100 Anfragen, meist per E-Mail. Gerade bei Wissenschaftlern und Studenten, etwa aus den Fachbereichen Musik und Soziologie, haben wir einen einzigartigen Ruf." Das liegt unter anderem daran, dass das Institut einen Zeitschriftenbestand pflegt, der bis in die Anfänge des Jazz in den 20er-Jahren des vorigen Jahrhunderts zurückgeht – auf Englisch, Deutsch, Französisch und teilweise sogar auf Japanisch.

Die vielleicht einzige Wettertrompete der Welt thront auf dem Dach des Jazzinstituts in Darmstadt.

In der Musikszene ist das Jazzinstitut gut vernetzt. 2015 hat es mit Unterstützung des Bundesministeriums für Kultur und Medien eine Studie zu Lebens- und Arbeitsbedingungen von Jazzmusikern in Deutschland initiiert. „Wir sind eigentlich an allen kulturpolitischen Diskussionen beteiligt, die den Jazz betreffen", betont Knauer. Daneben aber steht das Institut auch privaten Besuchern offen. „Es ist unser Motto, dass wir jede Frage ernst nehmen und uns um eine fundierte Antwort bemühen."

Und während die Woche über im Gebäude des Jazzinstituts geforscht wird, spielt freitagsabends im darunterliegenden Gewölbekeller die Musik. „Die Mischung macht dabei den großen Reiz aus", so Knauer, „hier spielen sowohl Jazzer aus der Umgebung als auch international renommierte Künstler."

Den Ruf, den das Institut besonders in Amerika genießt, macht folgende Anekdote besonders deutlich: „Als Darmstadts Oberbürgermeister Jochen Partsch einmal in New York war, wurde er von der Hausherrin der Pension, in der er übernachtete, gefragt, woher er käme", berichtet Knauer. „Er sagte ‚Darmstadt, Germany' und wollte gerade zu einer weiteren Erklärung ansetzen, dass das in der Nähe von Frankfurt am Main liege. Dazu kam er nicht. Die Dame sah ihn mit großen Augen an und sagte: ‚Oh die Stadt des berühmten Jazzinstituts!' "

Die Wettertrompete auf dem Dach steht ebenfalls für die Verbindung in die USA, immerhin die Wiege des Jazz: Da der Wind hier meist von Westen weht, zeigt das Mundstück der Trompete bevorzugt in Richtung des Landes der unbegrenzten Möglichkeiten.

Michael Kibler

....

So geht's zur Wettertrompete:

Der Bessunger Jagdhof grenzt direkt an den Forstmeisterplatz. Von dort aus gelangt man auch in den Innenhof des Ensembles. Das Gebäude mit der Wettertrompete liegt am westlichen Rand.

39

Eisernes Treppchen

Sechs Stufen ins Nichts

Eine seltsame Eisen-Konstruktion steht da am Wegesrand im Kranichsteiner Wald. Sie sieht aus wie ein zu klein geratener Hochsitz oder wie ein Aufstieg zu… ja zu was? Drei Stufen führen auf eine kleine Plattform. Dort lässt sich ein Türchen öffnen, auf der anderen Seite führen drei Stufen wieder hinunter. Hüben wie drüben steht man im Wald – drum herum gehen ist einfacher. Oder ist das Treppchen Teil eines Trimm-dich-Pfades? Nein. „Das Treppchen diente mal dazu, einen Zaun zu überqueren", sagt Matthias Mampel. Von einem Zaun ist aber weit und breit nichts zu sehen: Die Stufen führen ins Nichts. Doch das war nicht immer so, weiß Mampel, dessen Vater Claus-Jürgen sich intensiv mit Heimatgeschichte befasst und ihm schon als Kind viele Arheilger Ortsgeschichten erzählt hat.

Das Eiserne Treppchen steht am Rande des Wildparks, des einstigen Jagdreviers von Landgrafen und Großherzögen. Viele Jahre lange bediente sich das Wild munter mit den Leckerbissen auf den umliegenden Feldern – sehr zum Verdruss der Bauern, die regelmäßig Schäden an ihren Feldfrüchten und Verluste ihrer Ernte beklagten, und das in ohnehin schwierigen Zeiten. Arheilgen war eine alemannische Siedlung, die um 1600 in etwa die Größe von Darmstadt hatte. Doch der Dreißigjährige Krieg (1618-1648) brachte auch hier Leid, Hunger und Tod über die Bevölkerung. „Danach waren in Arheilgen noch etwa zwölf Familien übrig", sagt Mampel. Die Bauern haben sich vehement über das wildernde Wild beschwert, „und das mit Recht", findet der Arheilger. Außerdem führten die Verluste dazu, dass die Bauern ihren Verpflichtungen nicht nachkommen konnten, denn einen Teil ihrer Ernte mussten sie der Obrigkeit abgeben. „Deshalb ließ Minister Wilhelm Gottfried Freiherr von Moser 1775 schließlich einen durchgehenden Zaun um den Wildpark ziehen", erzählt Mampel die Geschichte weiter. Zugleich konnten die Jäger Wildschwein, Hirsch & Co. natür-

Matthias Mampel kennt die Geschichte des Eisernen Treppchens.

lich leichter jagen, wenn sie in einem Gehege lebten. So war der Wildpark viele Jahre von einem rund 18 Kilometer langen Holzzaun eingefriedet. „Er begann am Kranichsteiner Schloss, führte westlich der Dianaburg nach Norden und vor Messel wieder zurück."

Das Treppchen wurde einst in den Zaun eingebaut – und diente dem Zweck, dass, wer ins Gehege hinein- oder hinauswollte, bequem darübersteigen konnte. Wer das angeordnet hat und wann, „darüber sind bislang keine Dokumente gefunden worden", erklärt Mampel. Es sei aber anzunehmen, dass der Bau im Zusammenhang mit der von 1898 bis 1915 errichteten Eisenbahnsiedlung steht. „Die ganze Konstruktion riecht nach Eisenbahn", findet er. „Ein Forstmann hätte mit Holz gearbeitet." Die Angestellten der Hessischen Ludwigsbahn lebten in den eigens für sie gebauten Häusern am Rangierbahnhof Kranichstein. „Dort hielten sie auch Kleinvieh wie Ziegen", sagt Mampel. Die wollten gefüttert werden, „und dafür durften die Eisenbahner Grünes im Wald sammeln". Die Felder vor dem Zaun gehörten nach wie vor den Bauern – und die achteten mit Argusaugen darauf, dass die Ziegen kein Blatt von ihren Feldern fraßen. „Gegen Ende des Zweiten Weltkriegs haben die Arheilger den Zaun dann abgebaut und zum Heizen verfeuert." Deshalb steht das Eiserne Treppchen heute allein auf weiter Flur.

„Um das Jahr 2000 sanierten Mitarbeiter der Lehrwerkstätte der Bahn AG in Darmstadt die Stiege", erinnert sich Mampel. „Anschließend haben sie die Konstruktion etwa einen Meter Richtung Wald versetzt, um Beschädigungen durch Langholztransporte zu verhindern". Heute steht das Treppchen auf Fertigbeton-Füßen. Die originalen Sandstein-Fundamente sind vor Ort aber noch vorhanden.

Kerstin Schumacher

So geht's zum Eisernen Treppchen:

Es befindet sich an der Rottwiesenschneise, in der Flur „Großer Heinum".

Diese Felder waren nicht immer schwarz.

40

Schwarze Felder

Als die Bomben fielen

Wie Sie sehen, sehen Sie nichts. Keine Inschrift, kein Gemälde, nur nebeneinanderliegende schwarze Felder in dem ansonsten so reich verzierten Epitaph. „Das hat mit dem Zweiten Weltkrieg zu tun – dem Angriff in der Nacht vom 25. auf den 26. August 1944, bei dem sich ein englisches Bomberkommando eigentlich das Ziel gesetzt hatte, die Stadt in Schutt und Asche zu legen", erklärt Kirchenvorstand Dr. Ralf Köbler. Der Angriff schlug jedoch fehl, dennoch gab es acht Tote, 93 Verwundete – und eine zerstörte Stadtkirche. Dieses Bombardement war eines von insgesamt 35 Luftangriffen – bei 1.567 Luftalarmen –, denen Darmstadt während des Zweiten Weltkriegs ausgesetzt war. Der erste erfolgte am 30. Juli 1940. „Dagegen waren die Bewohner nur unzureichend geschützt", schreibt Stadtarchivar Peter Engels im *Stadtlexikon*. „Weil Darmstadt Luftschutzort zweiter Ordnung war, konnte die Stadtverwaltung nur wenige öffentliche Schutzräume errichten, auf öffentlichen Plätzen wurden Löschteiche angelegt." In diesen Schutzräumen erstickten unzählige Menschen qualvoll, als am 11. September 1944 genau 221 englische Lancaster-Bomber Kurs auf Darmstadt nahmen, um zu erreichen, was beim Angriff zwei Wochen zuvor nicht geglückt war: die Innenstadt vollständig zu zerstören.

Dr. Ralf Köbler weiß, was sich hinter den schwarzen Feldern auf dem Epitaph verbirgt.

Der Luftalarm wird um 23:25 Uhr ausgelöst. Exakt eine halbe Stunde später beginnt der Angriff. 191 Luftminen, 33 Sprengbomben und 286.000 Brandbomben regnen auf die Stadt nieder. Bis 0:20 Uhr dauert die Bombardierung, danach ist in Darmstadt nichts mehr so, wie es einmal war. Die Stadt steht in Flammen, ein Feuersturm reißt alles mit sich fort. Die Menschen ersticken in ihren Luftschutzkellern oder werden durch den Sog in die Flammen gerissen. „Die Straßen der Innenstadt waren unpassierbar und Rettungsmaßnahmen daher nicht durchführbar", schreibt Engels. Die traurige Bilanz: mehr als 10.000 Tote, „im Verhältnis zur Größe der Stadt eine der höchsten Opferzahlen des Zweiten Weltkriegs überhaupt", unterstreicht der Stadtarchivar. 6.000 Gebäude sind nicht mehr bewohnbar, 78 Prozent der Kernstadt liegen in Schutt und Asche. Nach dem Bombenangriff ist die Einwohnerzahl deutlich dezimiert. Nicht nur wegen der Opferzahlen, sondern auch, weil die Infrastruktur zusammenbricht und viele Menschen aus der Stadt flüchten. Sie tun gut daran, so müssen sie die Luftangriffe am 14. und 19. September sowie am 12. und 24. (!) Dezember 1944 nicht erleben, bei denen nochmals 400 Menschen ums Leben kommen.

Was das alles mit dem Epitaph und den schwarzen Feldern in der Stadtkirche zu tun hat? „Der Chorraum überstand wundersamerweise die Zerstörung", erklärt Ralf Köbler. „Allerdings schwärzten die Flammen diese vier Felder des Epitaphs." Später, 1964, wurde das Epitaph dann zwar durch Bildhauer Richard Daenzer (1894-1984) restauriert, die vier Felder aber schwarz gestrichen – als Mahnmal für die Brandnacht.

Deshalb sind sie nicht mehr zu sehen, die von dem Mainzer Bildhauer Nikolaus Dickhart geschaffenen, auf Kupfer gemalten Bildnisse von Georg I. (1547-1596), seiner zweiten Gemahlin Eleonore (1552-1618), ihres gemeinsamen Sohnes Heinrich (1590-1601) und der Tochter Sabine (1580-1599) aus erster Ehe der Eleonore mit Joachim Ernst von Anhalt (1536-1586).

Oder doch? „Wenn man ganz genau hinsieht, kann man dann und wann und bei gutem Lichteinfall noch den Umriss eines Gesichts erkennen", ist sich Ralf Köbler sicher. So, wie es die Bomben nicht vermochten, die ganze Stadtkirche zu zerstören, vermag es eben auch das Schwarz nicht ganz zu verstecken, was hinter ihm verborgen liegt.

Eva-Maria Bast

....

So geht's zu den schwarzen Feldern:

Sie befinden sich im ersten Epitaph an der linken Chorwand der Stadtkirche.

Ostbahnhof

Salamibrötchen, Bier und Rauch

Betritt man heute das Gebäude am Ostbahnhof, strömt einem der Geruch von Gummi und Kettenöl entgegen. Das war nicht immer so. Früher roch es darin vor allem nach Zigaretten. Man glaubt es kaum, doch dort befand sich ein Wartesaal für Zugreisende, zu dem auch eine Kneipe gehörte. Auf einst alten, durch starke Abnutzung beinahe schwarzen Dielen standen einfache Holztische und Stühle. Ein mit Kohle befeuerter Bollerofen in der Mitte des Raums sorgte für Wärme, vergilbte Eisenbahnbilder an der Wand für einen Hauch Behaglichkeit. „Der Raum war unheimlich verraucht", sagt Jutta Schütz, die dort als Schülerin ihre erste Mark verdient hat, denn die Kneipe wurde zu dieser Zeit von ihrer Tante Ella Nagl geführt.

Schon als Zwölfjährige unterstützte Jutta Schütz, Jahrgang 1953, ihre Tante hinter der Theke. „Wobei ich die ersten Male eher mit dem Lesen von Micky-Maus-Heften beschäftigt war", sagt sie schmunzelnd. Wollte ein Gast bedient werden, musste er erstmal mit kräftigem Klopfen auf die Theke auf sich aufmerksam machen. Warme Küche gab es nicht, wohl aber Salamibrötchen, „und auf der Theke stand immer ein großes Glas Soleier". Das beliebteste Getränk war frisch gezapftes Bier. „Hier war immer was los", erinnert sich Jutta Schütz. Gegen aufdringliche und betrunkene Gäste hatte ihre Tante eigens einen Rollladen an der Theke einbauen lassen. „Und wenn ein Gast mal über die Stränge schlug, hat sie den einfach runtergelassen."

Der Ostbahnhof hat eine wechselvolle Geschichte. Das denkmalgeschützte Haus ist bloß der klägliche Rest der ursprünglichen Anlage. Die Hessische Ludwigsbahn hatte die „Station Rosenhöhe" einst im Zusammenhang mit dem Bau der Odenwaldbahn errichtet. Eröffnet wurde der Bahnhof 1869. Lange hielt sich das Gerücht, das Gebäude sei nach dem Vorbild einer russischen Datscha erbaut worden, damit sich die russische Zarenfamilie bei Besuchen der großherzoglichen

Jutta Schütz vor der einstigen Wirtschaft ihrer Familie.

Familie wie zu Hause fühlte. Später fiel das Urteil der Architekturhistoriker nüchterner aus: Es handelt sich um einen Landbahnhoftyp, dessen Stilmerkmale, etwa die Verschindelung und das Fachwerk, sich an vielen anderen Stationen der Odenwaldbahn wiederfanden. Immerhin ist sicher: Zar Nikolaus II. (1868-1918) ist einmal an der Rosenhöhe aus dem Zug gestiegen.

Seit 1936 hatte Ernst Klipfel, der Großvater von Jutta Schütz, die dazugehörige Wirtschaft gepachtet. Der gelernte Gastronom arbeitete bis dahin als Oberkellner im noblen Wiesbadener Park-Café, wollte sich aber eine eigene Existenz aufbauen. „So kam er mit seiner Familie nach Darmstadt", erklärt Jutta Schütz. Als 1940 ihre Großmutter starb, blieben deren drei Töchter Ruth – die Mutter von Jutta Schütz, Ella und Nesthäkchen Lotte zurück. „Lotte betrieb neben der Kneipe noch einen Kiosk, mit dessen Waren sich die Fußgänger Richtung Gleis versorgen konnten", sagt Jutta Schütz. Der Durchgang rechts neben dem Gebäude ist noch heute erhalten. „Auf dem Gartenstück hinter dem Kiosk hielt mein Opa Hühner." Einen eigenen Namen hatte die Bahnhofswirtschaft nicht. „Im Odenwald war die Kneipe vor dem Krieg als ‚Dreimädelshaus' bekannt."

„Im Odenwald war die Kneipe vor dem Krieg als ‚Dreimädelshaus' bekannt."

Gewohnt hat der Großvater mit seinen Töchtern direkt nebenan. Die Pächterwohnung lag in einem Anbau an der Nordseite, in dem sich heute Büros befinden. Links daneben befindet sich auch noch ein Eingang zu einem alten Bunker, der inzwischen verschlossen und voller Schutt ist. „Dorthinein sind meine Mutter und meine Tanten bei Bombenangriffen geflüchtet, nachdem sie ihre Federbetten aus dem ersten Stock geworfen hatten", weiß die Darmstädterin aus Erzählungen ihrer Mutter. „Damit sie im Bunker nicht frieren."

Die Brandnacht am 11. September 1944 hat die Familie unversehrt überstanden, auch das historische Bauwerk blieb im Bombenhagel unbeschadet. Infolge des Angriffs flohen Zehntausende ausgebombter Darmstädter über den Ostbahnhof in die Dörfer des Odenwaldes. „Auf dem Weg dahin haben die Klipfel-Mädchen den Durstigen Bier ausgeschenkt", erzählt Jutta Schütz weiter. Was anderes gab es nicht, die Wasserleitungen waren weitgehend zerstört. Auch nach dem Krieg blieb die Familie am Ostbahnhof. Erst 1968 ist Ella Nagl ausgezogen und hat die Tätigkeit in der Bahnhofswirtschaft aufgegeben. Damit begann der Niedergang des Ensembles. Anfang der 1970er-Jahre wurde der charakteristische Stellwerksturm am Eingang zum Park Rosenhöhe entfernt, einige Zeit später brannte der Fachwerk-Güterschuppen an der Erbacher Straße ab. Das Empfangsgebäude selbst war, obwohl immer stärker verwahrlost, noch länger in Betrieb. In den neunziger Jahren wurden sogar noch Fahrkarten verkauft.

Doch obwohl es sich beim Ostbahnhof um ein Darmstädter Kulturdenkmal handelt, war das Gebäude viele Jahre eher Schandfleck als Schmuckstück. Nachdem die Weststrecke der Odenwaldbahn 2007 auf elektronische Stellwerkstechnik umgestellt wurde, war das Gebäude in den Augen der Bahn überflüssig. Irgendwann stand es leer, wurde dem völligen Verfall preisgegeben. 2008 begannen Verkaufsgespräche zwischen Bahn und Stadt, die das historische Ensemble schließlich erwarb. Für die Nutzung war damals unter anderem sogar wieder Gastronomie samt Biergarten im Spiel. Doch daraus wurde nichts.

Rettung kam schließlich in Form eines ortsansässigen Investors. 2011 wurde das historische Bauwerk denkmalgerecht saniert, nach Abschluss der Arbeiten zog dort ein Fahrradgeschäft ein. Wo sich zuletzt die Schalterhalle befand, werden heute Kunden empfangen. Die ehemaligen Diensträume dienen heute als Werkstatt. So ist der Geruch nach Rauch und Zigarettenqualm schlussendlich dem nach Gummi und Kettenöl gewichen.

Kerstin Schumacher

So geht's zum Ostbahnhof:

Das Gebäude hat die Adresse Erbacher Straße 89.

42

Glasboden

Denkmalschutz sticht Tiefgarage

Im 14. Jahrhundert war es nicht leicht, Darmstädter Bürger zu sein: 1330 verlieh Kaiser Ludwig der Bayer dem Ort das Stadtrecht. Das bedeutete zwar zum einen, dass nun in Darmstadt Markt gehalten werden durfte, was die Bürger sicher sehr freute. Zum anderen, und nun kommt der Punkt, der sie ins Schwitzen brachte, galt es jetzt, eine Stadtbefestigung zu bauen. Da mussten dann die wenigen Männer im arbeitsfähigen Alter ran – 150 bis 200 mögen es seinerzeit gewesen sein. Neben ihren Frondiensten setzten sie und ihre Nachfahren Stein auf Stein zu einer Stadtmauer zusammen, was insgesamt ungefähr 100 Jahre dauerte.

Bis Mitte des 17. Jahrhunderts war die ursprünglich 1.250 Meter lange Stadtmauer noch vollständig erhalten, an einigen Stellen sogar noch erweitert. Aber sie hatte ihre militärische Bedeutung verloren und begann zu verfallen. Sukzessive wurden auch größere Teile herausgebrochen, um Zugang zu den sie inzwischen umgebenden Stadtbereichen zu gewähren. Und während Darmstadt wuchs, verschwand sie Stück um Stück aus dem Stadtbild.

Gut sichtbarer Überrest ist jenes markante Teilstück, das heute in das Gebäude des Kongresszentrums integriert ist. „Schon in der Konzeptionsphase des 2007 eingeweihten Bauwerks war klar, dass dieses Stück Stadtmauer erhalten bleibt", sagt Kristin Kipp, Marketingexpertin des sogenannten Darmstadtiums. Was jedoch irritiert, ist der Boden aus Glas neben dem Stadtmauerrest an der Außenseite des Gebäudes. Handelt es sich um eine abgehobene Designidee der Architekten?

Keineswegs. Vielmehr ist der Glasboden ein Zeichen für die Flexibilität der Bauherren. Als 2004 Bagger die Baugrube aushoben, krachte eine der Schaufeln deutlich neben der sichtbaren Stadtmauer ebenfalls auf gemauerte Steine, wo eigentlich nur Erde hätte sein sollen. Man stoppte die Maschinen und grub zunächst von Hand weiter. Und

---

Kristin Kipp steht auf dem Glasboden, unter dem sich der mittelalterliche Horchgang der Stadtmauer entlangzieht.

vorübergehend war die Ratlosigkeit groß, auf was in aller Welt man in der Tiefe gestoßen war.

„Nikolaus Heiss war damals Denkmalpfleger in Darmstadt – und er konnte das Geheimnis lüften", erklärt Kipp. Denn beim sichtbaren Teil der Stadtmauer handelt es sich „nur" um die innere Mauer, bis zu zwei Meter dick und bis zu neun Meter hoch. Der Fund im Boden offenbarte nun Teile der äußeren Mauer, die sich im Abstand von vier bis sechs Metern um die innere herumzog – und zudem um Reste eines Wehrturms. Zwischen beiden Mauern wurden obendrein Reste eines Tunnels gefunden. „Diese unterirdischen Tunnel bezeichnet man als sogenannte Horchgänge. Sie dienten dazu, dass Hufgetrappel herannahender Reiterhorden zu hören, noch bevor sie zu sehen waren. Sie waren sozusagen der akustische Radar des Mittelalters", erklärt Kristin Kipp.

Da man im Vorfeld beschlossen hatte, den sichtbaren Teil der Stadtmauer stehen zu lassen, erwog man, die alten Steine der äußeren Mauer, des Turmfundaments und des Tunnels abzutragen. „Schließlich gab es ja auch einen Bauplan für das Kongresszentrum. Und der sah an dieser Stelle 55 Parkplätze der Tiefgarage vor", verdeutlicht Kipp. 350 Stellplätze sollte das Parkhaus ursprünglich fassen – die alten Mauerreste blockierten also rund

Blick in die Vergangenheit: Der Boden aus Glas macht es möglich.

ein Siebtel der Fläche. Durchaus relevant, wenn der größte Raum des Darmstadtiums allein über weit mehr als 1.600 Sitzplätze verfügt.

Nun sind die Darmstädter ja bekannt dafür, sich recht ausdauernd über das Klein-Klein in der Stadtpolitik ereifern zu können. Umso großzügiger sind sie dann im Großen. „Für das Darmstadtium bedeu-

154

tete das: Die Mauerreste blieben erhalten", erläutert Kipp. Schließlich handelte es sich um das älteste noch erhaltene, von Bürgern aus Darmstadt und Umgebung errichtete Bauwerk.

„Die Crux lag bei der Menge des benötigten Parkraums", fährt die Marketingexpertin fort. „Das gesamte Tiefgeschoss musste umgeplant werden. 55 Parkplätze wurden den Mauerresten geopfert. Dafür erweiterten die Planer die Tiefgarage im südöstlichen Teil des Darmstadtiums, letztlich sogar um 104 Stellplätze." Und war man schon dabei, nahm man auch gleich das Atrium des Darmstadtiums unter die Lupe: „Ziel war es, den Darmstädtern ihre Geschichte transparent zu machen", sagt Kristin Kipp. Womit im Atrium ein Zugang zu den Relikten der Vergangenheit geschaffen wurde – und die Bürger sie somit auch kostenlos anschauen können. Und außen kann man ebenfalls direkt auf die „neuen" alten Mauern nach unten blicken: eben durch jenen Glasboden neben der Stadtmauer.

„Diese unterirdischen Tunnel bezeichnet man als sogenannte Horchgänge. Sie waren sozusagen der akustische Radar des Mittelalters."

Michael Kibler

....

So geht's zum Glasboden:

Die Stadtmauer und neben ihr der Glasboden befinden sich unmittelbar neben dem Haupteingang zum Kongresszentrum „Darmstadtium", Am Schlossgraben 1.

43

Inschrift

Raus geht's nur mit Karte

Wer seine Reise am Darmstädter Hauptbahnhof beendet, vom Gleis die Treppen hinaufgeht, sich nach links wendet und auf dem Weg nach draußen den Kopf hebt, entdeckt an einem Deckenbalken eine Inschrift – die offenbar sehr alten grauen Lettern auf weißem Grund sind zwar verblasst, die Aufforderung ist dennoch deutlich: *Fahrkarten persönlich vorzeigen.* Ein Hinweis auf längst vergangene Zeiten. „Die Inschrift ist durch Zufall bei Renovierungsarbeiten entdeckt worden, als die Zwischendecke abmontiert wurde", sagt Gerhard Vocke. Das Empfangsgebäude hat von 1998 bis 2002 eine aufwendige Sanierung erfahren.

In Betrieb ging der Darmstädter Hauptbahnhof gut 100 Jahre vorher, nämlich am 28. April 1912. Als Durchgangsbahnhof war er damals einer der modernsten des gesamten Reiches. Bis dahin verfügte die Stadt über zwei Hauptbahnhöfe, die am heutigen Steubenplatz lagen. Davon zeugt noch die Straße „Am alten Bahnhof", die von dort auf die Bismarckstraße führt. „1846 ging an dieser Stelle der Bahnhof der Main-Neckar-Bahn in Betrieb, an dem Züge der Strecke Frankfurt-Heidelberg-Mannheim hielten", sagt Vocke. Der Kopfbahnhof der Hessischen Ludwigsbahn folgte 1875 und diente als Endstation für Züge, die aus Mainz, Aschaffenburg und dem Odenwald kamen. Allerdings gelangten beide Stationen nur gut zwei Jahrzehnte später aufgrund des stark zunehmenden Güter- und Personenverkehrs an ihre Grenzen. In der Folge entschieden die Stadt und die Preußisch-Hessische Staatsbahn – als Nachfolgerin der Main-Neckar- und der Ludwigsbahn –, einen neuen Hauptbahnhof am heutigen Standort zu bauen. Dieses Gelände lag damals noch außerhalb der Stadt, doch die Planer gingen davon aus, dass sich Darmstadt nach Westen erweitern und der neue Bahnhof dann zentral liegen würde. Entworfen wurde das prächtige, mit Elementen des Jugendstils geschmückte Empfangsgebäude vom bekannten Architekten Friedrich Pützer (1871-1922).

Gerhard Vocke freut sich über die wiederentdeckte Inschrift und tut, wie ihm geheißen: Er zeigt seine Fahrkarte vor. Persönlich.

Was hat es nun mit der Inschrift auf sich? „Diese richtete sich an Leute, die den Bahnhof verlassen", erklärt Vocke. Aber warum müssen gehende Fahrgäste ihr Billet nochmal vorzeigen? Gerhard Vocke weiß das freilich, so wie er ohnehin viel über Bahnhöfe und Züge weiß. Seit 1976 ist er Mitglied der Bahnwelt Darmstadt-Kranichstein, die mehreren Vereinen als Dachverband dient. Doch schon als kleiner Bub gehörten Bahnhöfe und Züge zu seinem Alltag. Vocke, Jahrgang 1944, wohnte mit seiner Familie in Grube Messel, besuchte aber die Justus-Liebig-Schule in Darmstadt. Seit 1955 war er deshalb Fahrschüler. „So nannte man damals diejenigen, die ihren Schulweg mit Bus und Bahn zurücklegten."

Als der Bahnhof 1912 eingeweiht wurde, erzählt Vocke, kamen überwiegend Abteilwagen zum Einsatz. „Diese hatten untereinander keinen Durchgang, so wie das heute üblich ist." Wenn der Schaffner in den Zügen die Fahrkarten kontrollieren wollte, konnte er das also stets nur in einem Abteil tun. „Der Kontrolleur musste bei jedem Halt erst einmal in einen anderen Wagen steigen", erklärt Vocke. „Oder aber, er lief außen am Trittbrett entlang." Doch das Entlanghangeln an der Außenwand eines fahrenden Zuges war gefährlich – und führte immer wieder zu Unfällen. Deshalb wurden an den Bahnhöfen sogenannte Bahnsteigsperren errichtet, auch in Darmstadt. So konnten die Billets schon vor Fahrtantritt kontrolliert werden. „Zwei oder drei kleine Häuschen standen dort, wo heute der Durchgang von der Bahnhofshalle zu den Gleisanlagen ist", erinnert sich Vocke. Ein solches Häuschen, das ursprünglich am Langener Bahnhof stand, wird heute im Eisenbahnmuseum Kranichstein ausgestellt. Das hält die Erinnerung an alte Zeiten wach.

„Bevor wir Schüler den Bahnsteig betreten durften, mussten wir an den Häuschen unsere Billets vorzeigen", sagt Vocke. So konnte sich kein Fahrgast ungesehen in den Zug mogeln. „Schwarzfahren war damals nicht ohne Weiteres möglich." Eine Karte brauchte allerdings jeder, der den Bahnsteig betreten wollte – auch wenn er gar nicht wegfahren wollte. „Wer seine Verwandten am Zug verabschieden oder ihnen beim Gepäcktragen helfen wollte, der musste eine Bahnsteigkarte kaufen." Zehn Pfennige kosteten die einst in Darmstadt. „Ein Spruch machte damals die Runde", schmunzelt der Eisenbahn-Experte und rezitiert: „Revolution in Deutschland? Das wird nie etwas. Wenn diese Deutschen einen Bahnhof stürmen wollen, kaufen die sich noch eine Bahnsteigkarte." Das Zitat stammt angeblich von Lenin, zweifelsfrei klären lässt sich das jedoch nicht.

Jedenfalls mussten sowohl die Reisenden als auch ihr Verabschiedungskomitee die uniformierten Schalterbeamten passieren. „Dabei wurden alle Karten mit einer Knipszange gelocht." Am Zielbahnhof mussten sie ihr Billet erneut vorzeigen und abgeben – außer, man hatte eine Rückfahr- oder Zeitfahrkarte. „Das Gleiche galt für die Bahnsteigkarten, auch die durfte man nicht behalten." Und damit das keiner vergisst, erinnerte die Inschrift am Deckenbalken jeden daran, der den Bahnhof verlassen wollte. Das erneute Vorzeigen mag in Teilen preußischer Gründlichkeit geschuldet sein – doch die Kontrolle diente auch der Arbeitsplatzerhaltung. Die Kontrolleure waren meist Kriegsversehrte und mussten von der Reichsbahn beschäftigt werden. „Die Abteilwagen wurden bis zum Ende der fünfziger Jahre durch neue Waggons ersetzt", ergänzt Vocke. Trotzdem blieben die Bahnsteigsperren noch einige Jahre erhalten. Erst als die letzten Invaliden verstorben waren, baute man die Häuschen ab. Von da an hatten alleine die Zugschaffner die Aufgabe, Fahrkarten zu kontrollieren.

Kerstin Schumacher

So geht's zur Inschrift:

Von den Gleisen geht man am Hauptbahnhof die Treppen hinauf, nimmt links den östlichen Ausgang und hebt auf dem Weg nach draußen den Kopf. Die Inschrift befindet sich rechts an einem Deckenbalken.

44

Jägertorbrunnen

Wasser für die Stadt

Das hohe Postament aus rotem Sandstein verjüngt sich nach oben hin leicht. Darauf thronen das Darmstädter Wappen samt Krone und der Katzenelnbogen'sche, doppelschwänzige Löwe. Aus einem bronzenen Tierkopf sprudelt das Wasser ins Becken des Jägertorbrunnens. Er steht an der Ecke Dieburger- und Merckstraße und stammt aus dem Jahr 1845. Geschaffen hat ihn Johann Baptist Scholl der Jüngere (1818-1881). Der Bildhauer ist in Darmstadt kein Unbekannter. Von ihm sind viele Plastiken erhalten, darunter die im Schlossportal zur Marktseite aufgestellten Standbilder der Landgrafen Georg I. (1547-1596) und Philipp des Großmütigen (1504-1567), zahlreiche Grabmäler auf dem Alten Friedhof oder die „Riwwelmaddhes"-Figur im Herrngarten.

Noch vor einigen Jahren war der Brunnen in einem bedauernswerten Zustand, abgeplatzter Sandstein, verdreckt, verrostet. Deshalb hat sich Günter Körner um dessen Sanierung bemüht, Sponsoren und einen Steinmetzbetrieb gesucht und sein Preisgeld gespendet, mit dem er 2007 im Zuge der Auszeichnung zum „Darmstädter Lokalpatrioten" bedacht wurde. „Ich wollte halt nicht, dass der Brunnen weiter verkommt", sagt Körner, der sich unter anderem als Mundartdichter und Autor der *ECHO*-Glosse „Riwwelmaddhes" einen Namen gemacht hat. Seine Hartnäckigkeit zahlte sich aus: 2009 wurde der Brunnen saniert und sieht wieder stattlich aus. So weit, so bekannt.

Doch es gibt auch Unbekanntes – und sehr Bedeutendes: Der Jägertorbrunnen ist nämlich nicht irgendein Brunnen! „Von ehemals vier ist das der letzte erhaltene Stadtbrunnen der alten Darmstädter Wasserleitung", sagt Körner. Er war wesentlicher Teil der staatlichen Wasserversorgung vor 1880. Gespeist wurde er von der Dreibrunnenleitung, die das Wasser in Erlenrohren von der Seiterswiese in die Stadt hinein transportierte. „Heute ist er das älteste Zeugnis der Darmstädter Wasserversorgung." Und das sollte erhalten bleiben.

Günter Körner hat sich um die Sanierung des Jägertorbrunnes gekümmert.

Seinen Namen hat er von seinem Standort gegenüber dem ehemaligen Jägertor, heute Alexanderstraße. „Das Stadttor wurde um 1600 im Zuge der zweiten Stadterweiterung gebaut", weiß Körner. Der Verlauf der Stadtmauer gab der Mauerstraße ihren Namen, in manchen Hinterhöfen sind zum Teil noch originale Stücke zu sehen. Das Tor selbst wurde 1824 abgerissen. Doch noch heute kann man den ehemaligen Standort sehen: Wer an den Bushaltestellen „Alexanderstraße" auf den Boden schaut, erkennt eine Markierung mit rotem Sandstein. „Dieser zeigt den einstigen Verlauf des Tores", sagt der Darmstädter.

Zurück zum Wasser: Darmstadts Versorgung war lange ungenügend. Die frühesten Klagen über Wassermangel erklangen in den Jahren 1585 und 1593. In der zweiten Hälfte des 18. Jahrhunderts gab es mehrere Projekte, dem Mangel Herr zu werden; im 19. Jahrhundert wurden die Wasserleitungen erneuert. Die Zunahme sowohl von Einwohnern als auch von Industriebetrieben verschärfte allerdings das Problem. Schätzungen zufolge hätten die städtischen Leitungen um 1870 für eine ausreichende Versorgung täglich 4.000 bis 6.000 Kubikmeter Wasser liefern müssen. Tatsächlich flossen aber nur knapp 1.600 Kubikmeter pro Tag, im Hochsommer gar nur 552. Ohne Kanalisation war das Wasser zudem stark verunreinigt. 1871 begannen deshalb die Planungen für den Bau eines zentralen Wasserwerkes, das am 1. Mai 1880 seinen Betrieb aufnahm.

Der Jägertorbrunnen sprudelte indes weiter und hat bis heute überdauert. Einziger Wermutstropfen: „Der wasserspeiende Tierkopf ist nicht mehr original, sondern musste nach einem Diebstahl 2014 ersetzt werden", empört sich Körner.

Kerstin Schumacher

So geht's zum Jägertorbrunnen:

Er befindet sich an der Merckstraße, Ecke Dieburger Straße.

Die Rosette an der Martinskirche hat alle Kriege und Sanierungen überstanden.

45

Rosette

Die Bahn, die nie kam

Die in den Jahren 1883 bis 1885 errichtete Martinskirche an der Heinheimer Straße sieht nicht aus wie eine ganz gewöhnliche Kirche. Von außen erinnert das Gotteshaus mit den „Schießscharten" in der Fassade eher an eine Burg. Dieser Eindruck ist nicht ganz verkehrt, erklärt Dr. Peter Engels, Leiter des Stadtarchivs: „Vor allem an der Westfassade sollte die Kirche an die Wartburg erinnern." Etwas Ungewöhnliches findet sich auch an der nördlichen, zum Riegerplatz weisenden Mauer. Rechts neben dem Regenrohr hängt ein an eine aufgeblühte Rosenblüte erinnerndes, dekoratives Element: eine Rosette. Doch wofür braucht eine Kirche denn eine einzelne Rosette? „Gar nicht", sagt Engels, „damit werden Oberleitungen für elektrische Straßenbahnen an den Gebäuden entlang der Fahrtstrecke verankert."

Wie in anderen Städten auch, rollten in Darmstadt zunächst aber die dampfbetriebenen Trams. „Die Darmstädter Stadtverwaltung erwog bereits 1885 den Bau einer Straßenbahn, um dem im Zuge der Industrialisierung und Ausdehnung der Stadt gestiegenen Mobilitätsbedürfnis Rechnung zu tragen", erklärt Engels im *Stadtlexikon*. Im August 1886 wurden die zwei Vorortbahnen nach Eberstadt und Griesheim eröffnet, im April 1890 folgte die Strecke nach Arheilgen. Bald transportierte die Dampfstraßenbahn täglich Scharen von Berufspendlern und Schülern nach Darmstadt und zurück. „Aufgrund ihrer Größe und Schwerfälligkeit war sie jedoch nicht für den Innenstadtverkehr geeignet." Deshalb beschloss die Stadtverordnetenversammlung 1895 den Bau einer elektrischen Tram, die im November 1897 ihren Betrieb aufnahm. Als die „Elektrische" in Darmstadt nach und nach ihre dampfenden Kollegen ablöste, wurden besagte Oberleitungen nötig, mittels derer sie mit Strom versorgt werden konnte. Im April 1912 wurde in Darmstadt schließlich die Hessische Eisenbahn-Aktiengesellschaft (Heag) gegründet, die das bestehende Liniennetz stetig ausbaute. So elektrifizierte die Heag 1914 etwa die Dampfbahnstrecke nach Eberstadt.

„Vor dem Ersten Weltkrieg gab es außerdem Pläne, eine Straßenbahn durchs Martinsviertel zu bauen", sagt Engels. Die Arbeiten für die Linie haben 1913 sogar begonnen, erste Gleise verlegte man von der Hochschulstraße in Richtung Kantplatz – ein Teil davon ist dort nach der Sanierung der Straße wieder zu sehen. „Doch der Ausbruch des Ersten Weltkriegs 1914 stoppte das Projekt zunächst." Vier Jahre später wurden die Pläne wiederbelebt, „aber dann kam die Inflation und es war kein Geld mehr da". Also wieder nichts. 1924 folgte eine erneute Diskussion um die Trasse, erzählt der Historiker weiter. „Wo genau sie eigentlich verlaufen sollte, wissen wir nicht." Die Planungsunterlagen existieren heute nicht mehr. Allerdings scheiterten die Pläne auch dieses Mal. Mit Sicherheit aber sollte die Straßenbahn durch die Heinheimer Straße fahren. „Das", sagt Engels, „ist schließlich die Hauptstraße durchs Martinsviertel".

Zurück zur Rosette an der Martinskirche: Vor allem in engen Straßen, in denen es keinen Platz für Masten gab, mussten die Befestigungen für die Oberleitungen an den Gebäuden entlang der Fahrtstrecke verankert werden. Im Grunde hätten einfache, große Haken dafür ausgereicht, doch wenn die Hausbesitzer schon ihre Wände hergaben, dann sollte die Vorrichtung wenigstens ästhetisch aussehen. Die Lösung, die auch andere Städte gewählt haben – vielerorts stellte man in jenen Jahren auf die „Elektrische" um – bestand in der Verzierung durch ein rosettenartiges Gebilde.

Wahrscheinlich wurden viele Rosetten schon im Vorgriff auf den Bau der „Martinsviertel-Tram" entlang der geplanten Strecke an Hauswände montiert, vermutet Peter Engels. Wann oder wie viele das waren, lässt sich heute nicht mehr klären. „In der Brandnacht vom 11. September 1944 sind auch im Martinsviertel viele Gebäude zerstört worden." Und mit ihnen die Rosetten. Getroffen hat es auch die Martinskirche, von der nach dem Bombenangriff nur noch die Außenmauern stehen blieben. Die Rosette aber blieb heil. „Bis heute hat sie nach dem Wiederaufbau 1951 jede Sanierung überstanden", erklärt der Leiter des Stadtarchivs. Und so ist die Rosette an der Martinskirche wohl das einzige Relikt zur Erinnerung an die Bahn, die nie kam.

Kerstin Schumacher

....

So geht's zur Rosette:

Sie befindet sich an der nördlichen Wand der Martinskirche in der Heinheimer Straße 41a.

46

Parkhaus

Spiel mit den Klinkern

D as wahrscheinlich schönste Parkhaus Darmstadts befindet sich in der Landwehrstraße. Seine wahre Pracht entfaltet sich allerdings erst, wenn sich der Besucher ein paar Minuten Zeit nimmt – auf Anhieb erkennt zumindest der Laie das Schmuckstück nicht. „Das Gebäude ist so schlicht, dass es kaum auffällt", bestätigt Petra Gotta von der Darmstädter Denkmalschutzbehörde.

Die Fachfrau lenkt die Aufmerksamkeit sogleich auf eine ganze Reihe an Besonderheiten, die den expressionistischen Bau aus rotem Klinker prägen. Da wären zum Beispiel Treppengiebel an den Schmalseiten und über den Risaliten oder die typische Reihung der Fenster in der Fassade mit den scharrierten Laibungen. Das Spiel mit den Klinkern gipfelt in einem gelungenen Kontrast zwischen dunklen Ziegeln und hellem Beton. Geht man um die Halle herum, so entdeckt man auf der Südseite runde Fenster mit querstehenden Streben, die als Stilelement ebenfalls dem Expressionismus zugeordnet werden. Zudem befinden sich dort vier riesige Öffnungen in der Fassade. „Das sind die ehemaligen Tore, durch die die Eisenbahnwaggons auf Gleisen in die Halle fuhren", verrät die Expertin. Und genau diese Öffnungen geben tiefen Einblick in die Geschichte des Gebäudes – das eben nicht immer ein Parkhaus war. Und die beginnt nicht in Darmstadt, sondern in Olsztyn (früher: Allenstein) im heutigen Polen.

Dort stand von 1914 bis 1921 eine riesige Halle, in der einst im Bau befindliche Zeppeline zum Schutz vor der Witterung untergebracht wurden. In den Jahren 1916/17 gab es mehr als 80 solcher Luftschiffhallen auf dem Gebiet des Deutschen Reiches. Die Allensteiner Halle war eine von 39, die den Ersten Weltkrieg (1914-1918) überstanden hatten. Und ebenjene Halle steht heute in Darmstadt. Wie es zu diesem verblüffenden Umzug kam, kann Petra Gotta ganz genau erklären. „Das lässt sich auf die Bestimmungen des Versailler Vertrages

Petra Gotta erklärt die beeindruckende Konstruktion der ehemaligen Zeppelinhalle, in die das Parkhaus gebaut wurde.

zurückführen." Nach Kriegsende mussten die Luftschiffhallen, da sie zuvor militärisch genutzt worden waren, entweder den Alliierten übergeben oder bis zum 15. Februar 1921 niedergelegt werden.

Weil die Alliierten keine Verwendung für die Allensteiner Halle hatten, wurde dieses Exemplar an die Bahnbedarf AG Rodberg verkauft. Und nun schließt sich der Kreis in Richtung Darmstadt. Denn

Die Südfassade hat vier große Tore, durch die einst die Eisenbahnwaggons in die Halle fuhren. Die runden Fenster mit den querstehenden Streben werden als Stilelement dem Expressionismus zugeordnet.

diese AG war 1868 als Rodbergsche Kesselfabrik in Darmstadt gegründet worden, zu einer Zeit, als die industrielle Entwicklung der Stadt schon im Gange war: Während der sogenannten Gründerjahre von 1867 bis 1873 entstand in Darmstadt der Handelsverein, außerdem ging 1871 die Odenwaldbahn in Betrieb. Damit wurde das weite Hinterland erschlossen, was der Industrie viele neue Arbeitskräfte brachte – und Darmstadt einen sprunghaften Anstieg der Bevölkerung. Lag die Einwohnerzahl um 1800 noch bei überschaubaren 10.000 Bewohnern, die ihren Lebensunterhalt zu 90 Prozent beim Militär, im Handwerk und in der Landwirtschaft verdienten, lebten 1861 schon gut 32.500 Menschen in Darmstadt. 1871 war die Zahl der Darmstädter auf 41.000 Menschen gestiegen, bis zur Jahrhundertwende auf 72.300. Im Jahr 1907 erhöhte sich die Einwohnerzahl erneut auf dann fast 88.000 Menschen.

In der Residenzstadt siedelte sich vor allem Möbel- und Maschinenindustrie an. Die Unternehmen erschlossen ein Industriegebiet nordwestlich der Innenstadt. Auch die Bahnbedarf AG Rodberg kaufte an der Landwehrstraße 1918/19 ein 42.000 Quadratmeter großes Fabrikgelände, auf dem unter anderem Lokomotiven verschrottet und Eisenbahnwaggons repariert wurden. Und für genau diesen Betrieb konnte man die Allensteiner Halle ganz ausgezeichnet gebrauchen. Sie war hoch genug und durch die großen Tore passten nicht nur Zeppeline, sondern eben auch Waggons. Also wurde das Stahlgerippe der ehemaligen großen Zeppelinhalle dort kurzerhand ab- und bis zum Frühjahr 1923 innerhalb von anderthalb Jahren an der Landwehrstraße wieder aufgebaut, jedoch als zwei Hallen und wesentlich kleiner als das Original. „Die beiden Bauten hatten da aber immer noch Außenmaße von je 44 auf 90 Meter bei einer Höhe von 20 Metern", weiß Petra Gotta.

In Darmstadt bekamen die Hallen statt der ursprünglichen Wellblechfassade denn auch die nach Plänen des Architekten Jan Hubert Pinand (1888-1958) gestaltete Fassade mit expressionistischen Stilelementen. Pinand lehrte ab 1914 an der Landesbau- und der Gewerbeschule in Darmstadt, war aber auch als freier Architekt tätig. In den 1920er-Jahren baute er zahlreiche Wohnhäuser und einige Kirchen in Darmstadt, darunter die Liebfrauenkirche an der Orangerie. Nach dem Zweiten Weltkrieg wurde Pinand auf den Lehrstuhl für Baukunst an der Technischen Hochschule Darmstadt berufen. Von 1947 bis 1949 war er dort Dekan der Architekturfakultät. Während seiner Karriere beschäftigte sich der Architekt außerdem intensiv mit Industriearchitektur.

In diese Phase fällt der Klinkerbau an der Landwehrstraße. „Das ist ein unheimlich stimmiges Gebäude, das trotz seiner Dimension nicht erdrückend wirkt", findet Petra Gotta. Dennoch muss man sich eins klar machen: „Übrig geblieben ist nur etwa ein Viertel der ursprünglichen Halle", verdeutlicht die Architektin die einst riesigen Ausmaße der Zeppelinhalle, in der die Rodberg AG später auch Masten und Gleise für die Heag herstellte. Während des Zweiten Weltkriegs war das Unternehmen übrigens auch in der Rüstungsproduktion tätig. In jenen Jahren, um 1940, erlebte es eine Blütezeit, rund 850 Menschen waren dort beschäftigt.

Doch in den folgenden Jahren ging es bergab. 1969 wurde das Unternehmen schließlich abgewickelt. In den 1970er-Jahren brach ein Feuer aus, eine der beiden Hallen brannte ab. „Die verbliebene Halle diente eine Weile als Getreidelager", erzählt Petra Gotta über den Fortgang der Geschichte. Seit 1986 steht der Bau unter Denkmalschutz, „aus künstlerischen und technischen Gründen", wie die Denkmalpflegerin betont. „Schließlich handelt es sich um eines der wenigen noch existierenden Überbleibsel der Luftschiff-Ära." Welche Nutzung der Bau erhalten sollte, war aber lange nicht klar. „Im Gespräch waren sowohl ein Atelier für Künstler als auch ein Hochregallager", erinnert sich Gotta. Doch daraus wurde nichts: 2001 entstand aus dem einstigen Parkhaus für Zeppeline schließlich ein Parkhaus für Autos.

Auch von innen betrachtet ist die Halle kein alltäglicher Bau. Die Eisenkonstruktion mit zum Teil geschwungenen Trägern lässt den Betrachter die Dimensionen des Originals erahnen. In luftiger Höhe wird das Dach durch eine Holzkonstruktion getragen, wobei oberhalb des höchsten Parkdecks noch ungewöhnlich viel Raum vorhanden ist. Die schlichte Holzdecke wird wiederum von Stahlträgern gestützt und ist an der Außenseite mit Bitumen abgedichtet. Petra Gotta weist auf eine weitere Besonderheit hin: Die steinerne Fassade nämlich steht unabhängig von der eigentlichen Eisenkonstruktion des Parkhauses. Somit ist die Anlage reversibel. „Man könnte aus dem Parkhaus jederzeit etwas anderes machen."

> „Im Gespräch war sowohl ein Atelier für Künstler als auch ein Hochregallager."

Kerstin Schumacher

··

So geht's zum Parkhaus:

Die Halle steht an der Landwehrstraße 52.

47

Brunnen
Der letzte Zeuge des Heylshofes

Bemooste, ein wenig schiefe Platten im Rasen führen zu einer alten, versiegten Brunnenanlage, daneben laden ein paar steinerne Stufen bei warmem Wetter zum Verweilen ein. Westlich der Wilhelminenstraße, versteckt hinter Bäumen und Sträuchern, lässt sich bei Vogelgezwitscher der Trubel der nahegelegenen Innenstadt für einen Moment vergessen. Der Blick fällt indes auf eine Reihe gleichförmiger, gelb verputzter Gebäude aus den 50er-Jahren: Wohnblocks, die heute vielen Heinern als Heimat dienen. Was hat es mit diesem romantischen Fleckchen auf sich, das so gar nicht in seine Umgebung passen will?

Eine Villa mit einem großen, beeindruckenden Springbrunnenteich würde man an dieser Stelle jedenfalls nicht vermuten. Doch dort, wo heute die Wohnblocks stehen, befand sich einst ein imposantes Anwesen, das sich auf dem Gelände zwischen Wilhelminen- und Weyprechtstraße beziehungsweise Heinrich- und Riedeselstraße erstreckte. „Der Bau war prächtig, genau wie die idyllische Parkanlage – das war ein wunderschönes Anwesen", schwärmt Thomas Deuster. Der Darmstädter hat die Geschichte des „Heylshofes" recherchiert und Informationen aus alten Plänen, Fotos und Karten zusammengetragen. Benannt wurde der Hof nach seinen Bewohnern, der Familie der Freiherren von Heyl zu Herrnsheim.

„Der Bau war prächtig, genau wie die idyllische Parkanlage – das war ein wunderschönes Anwesen."

Hervorgegangen ist dieses Anwesen aus dem ehemaligen Riedesel'schen Garten, der in der zweiten Hälfte des 18. Jahrhunderts angelegt worden war und sich auf das Gebiet von Heidelberger- bis Wilhelminenstraße erstreckte. Weil der Park nach Osten hin anstieg, war das Gelände landläufig auch als „Riedeselberg" bekannt. Im 19. Jahrhundert entwickelte sich diese Gegend zum Diplomatenviertel Darmstadts. Infolgedessen wurde der Riedesel'sche Garten mit einer aufgelockerten Bebauung versehen, einige Teile des Parks wurden privaten Anwesen zugeschlagen.

Eines davon erwarb im Jahr 1876 Maximilian Heyl zu Herrnsheim (1844-1925), der der seit dem Mittelalter und bis heute noch in Worms ansässigen Fabrikantendynastie Heyl zu Herrnsheim entstammte. Doch 1854 zog der damals zehnjährige Heyl mit seiner Familie von Worms nach Darmstadt. Bald kam Maximilian in Kontakt mit dem großherzoglichen Hof und zählte zum engeren Freundeskreis des Prinzen Wilhelm (1845-1900), dem jüngsten Bruder von Großherzog Ludwig IV. Schon in jungen Jahren zeigte Maximilian großes Interesse an militärischen Verhaltensweisen und schlug denn auch eine entsprechende Laufbahn ein. Als Leutnant nahm er 1866 am Krieg gegen Preußen teil und zog 1870/71 in den Krieg gegen Frankreich. Anschließend nahm Maximilian Heyl zu Herrnsheim seinen Abschied vom Militär und ließ sich mit seiner Gattin Doris in Worms nieder. 1876 erwarb das Paar dann den Riedesel'schen Garten in Darmstadt mit dem zugehörigen Herrenhaus. Allerdings hatten die Eheleute ihren Hauptwohnsitz nach wie vor in Worms, verbrachten seitdem aber auch viel Zeit in der Residenzstadt. 1890 ließen sich Maximilian und Doris von Heyl zu Herrnsheim endgültig hier nieder. Der Münchner Architekt Gabriel von Seidl errichtete ihnen in der Weyprechtstraße eine Stadtvilla mit riesigem Garten: den „Heylshof".

Maximilian und Doris von Heyl gehörten damals zu den bedeutendsten Darmstädter Familien und Kunstförderern. Prominente Mitglieder der Gesellschaft waren zwischen 1890 und 1930 regelmäßig zu Gast im Palais. Die Stadt Darmstadt ernannte Maximilian von Heyl, nachdem er der Stadt und dem Landesmuseum seine Sammlung von Gemälden und Zeichnungen Arnold Böcklins geschenkt hatte, sogar zu ihrem Ehrenbürger. Er starb 1924, seine Witwe lebte bis zu ihrem Tod 1930 in ihrer Darmstädter Villa. „Ab 1936 zogen dann mehrere nationalsozialistische Behörden dort ein", sagt Deuster. Zunächst die Hitlerjugend, von 1938 bis 1941 nutzte der Reichsbund das Anwesen für Leibesübungen. 1941 erwarb die Reichspost das Gebäude, wahrscheinlich, um dort ein Postmuseum zu errichten. Doch der Luftangriff der englischen Royal Air Force in der Nacht vom 11. September 1944 durchkreuzte diese Pläne: Der Heylshof wurde in der Brandnacht zerstört. Der Brunnen, eine Steinbank und die Reste der Treppenanlage sind die letzten Zeugen des beeindruckenden Anwesens.

Kerstin Schumacher

....
So geht's zum Brunnen:

Der Brunnen befindet sich westlich der Wilhelminenstraße auf dem Gelände zwischen Riedesel- und Heinrichstraße.

48

Turm

Baumelnde Palmen und hängende Bäume

*E*s gibt Dinge, die überraschen selbst eingefleischte Darmstadt-Kenner – und das bisweilen im eigenen Viertel. Wolfgang Emmerich zum Beispiel. Seit Jahren schon gibt der alteingesessene Heiner ehrenamtlich Stadtführungen in Bessungen. Regelmäßig führt er seine Gruppen auch in die Orangerie. „Vor einiger Zeit kamen wir am westlichen Rand der Anlage an einem gemauerten Verschlag vorbei, dessen offene Seite mit einem Gittertor gesichert ist", erzählt er. Einer der Teilnehmer vermutete, es handele sich um einen alten Teil der Stadtmauer oder ein ehemaliges Stadttor. „Das kann unmöglich sein", war sich Emmerich gleich sicher. „Dort verlief nie eine Stadtgrenze und ein Tor nach Bessungen gab es nur an der Heinrichstraße." Doch worum handelt es sich dann? Eine steinerne, extra hohe Gartenhütte? Ein Schuppen? Sein Interesse war geweckt. „Das ließ mir einfach keine Ruhe."

Also recherchierte der Darmstädter – und stieß auf eine interessante Geschichte. Wer sich durch das Gitter hindurch das Innere des gemauerten Turms genauer anschaut, entdeckt Hinweise auf die einstige Nutzung. So befindet sich an der Decke eine alte Holzkonstruktion. „Das könnte Teil einer Seilwinde sein", dachte sich Emmerich. Damit lag er nicht falsch: Wie er später herausfinden sollte, ist im Dachstuhl des Turms ein Balken mit Zugrolle erhalten, über die einst ein Seil gelegt wurde. An der südlichen Innenwand existiert noch eine Winde mit hölzerner Trommel für das Zugseil samt Kurbel. Doch was wurde in dem Turm aufgehängt?

„Bei dem steinernen Bau handelt es sich um einen Verpflanzturm", hat der Bessunger nach mühsamen Nachforschungen herausgefunden. „Mit dessen Hilfe wurden früher große Pflanzen umgetopft." Denn was heutzutage längst auf Knopfdruck geschieht, mussten die Gärtner einst händisch erledigen. Um aber die bis zu 400 Kilogramm schweren Kübel mit den Bäumchen umzutopfen, war eine technische

Hilfe unerlässlich. „Per Seilwinde wurden die Gewächse mitsamt ihren übergroßen Blumentöpfen angehoben", erklärt Emmerich. So baumelten in der Bessunger Orangerie schon mal Palmen oder Orangenbäume in der Luft. Darunter postierten die Gärtner einen größeren Topf. „Der alte Kübel wurde abgeschlagen und die Pflanze anschließend in das neue Gefäß hinabgelassen und mit frischer Erde aufgefüllt." Umtopfen erledigt.

Der Darmstädter Verpflanzturm ist neun Meter hoch und hat eine Grundfläche von etwa sechs mal sieben Meter. Gemauert wurde er aus Bruchstein, das Walmdach ist mit Bieberschwanz gedeckt. Seit und bis wann er in Betrieb war, lässt sich nicht eindeutig klären. Zwar gibt es

Weil niemand seine Bedeutung erkannte, drohte der Turm unter Efeu zu verwittern.

Hinweise darauf, dass die Arbeitserleichterung für Gärtner schon 1776 existierte, doch eine sichere Quelle datiert erst auf das Jahr 1882: In einem Lageplan von einer damals im Bessunger Orangeriegarten laufenden Landwirtschaftsausstellung ist der Bau als Ausbuchtung eingezeichnet. Irgendwann jedoch war der Turm völlig in Vergessenheit geraten. Jahrzehntelang drohte er, unter Efeu zu verwittern. Niemand hatte seine Bedeutung erkannt, auch die Untere Denkmalschutzbehörde der Stadt und das Hessische

Landesamt für Denkmalschutz blieben lange ahnungslos ob seines kulturhistorischen Wertes. „Er diente sogar eine Zeitlang als Lager für ein benachbartes Restaurant", sagt Emmerich.

Seine ursprüngliche Wiederentdeckung um das Jahr 2000 verdankt der technische Bau dem Arbeitskreis Orangerien in Deutschland. Der Verein ist im gesamten Bundesgebiet tätig, seine Mitglieder widmen sich allen Details, die Orangerien auszeichnen. Dieses Wissen wollen sie erhalten und verbreiten. Bei einem Besuch in Bessungen fiel einer Delegation damals der Turm gleich auf. Und siehe da: Nach Erkenntnissen des Arbeitskreises gibt es bundesweit nur noch zwei solcher Exemplare. Neben dem gemauerten Relikt in der Bessunger Orangerie steht ein weiterer Turm in Dessau, dort allerdings eine reine Holzkonstruktion. „Der Darmstädter Turm ist in dieser Form also ein in Deutschland einmaliges Kulturdenkmal", sagt Emmerich. Als das klar war, hat die Stadt den Turm flugs vom Efeu befreit, die Regenfallrohre und zum Teil die Dachrinne erneuert. Inzwischen steht der Turm freilich unter Denkmalschutz. Darüber wurde im *Darmstädter ECHO* im Jahr 2000 durchaus berichtet, auch

> *„Der Darmstädter Turm ist in dieser Form also ein in Deutschland einmaliges Kulturdenkmal."*

das hat Emmerich herausgefunden. „Doch das ist so lange her, das weiß heute kaum noch jemand." Inzwischen fristet der Turm längst wieder ein Schattendasein am Rande der Orangerie. Umso mehr freut sich Emmerich, dass er dieses Geheimnis erneut gelüftet hat.

Kerstin Schumacher

So geht's zum Turm:

Das Restaurant, hinter dem sich der Turm befindet, hat die Adresse Bessunger Straße 44. Auf dem Weg zum Turm betritt man den Park am nördlichen Eingang, biegt nach dem Orangerie-Gebäude rechts ab und läuft bis ganz nach hinten.

49

Stele

Mahnmal zur Erinnerung

Eigentlich wollte Heinz Krapp nur ein paar aktuelle Aufnahmen vom Hochschulstadion am Lichtwiesenweg drehen. Auf der Suche nach einem geeigneten Plätzchen für die Kameraeinstellungen spazierte er einen Pfad entlang, der westlich an der Sportstätte vorbeiführt. Nach wenigen Metern stieß Krapp auf ein meterhohes Ehrenmal – mitten in einem Wäldchen, umrahmt von Büschen und Bäumen. Die Stele kam ihm bekannt vor. „Ich wusste sofort: Die hab' ich schon mal gesehen." Und zwar in einem Film von 1930.

Wie kommt's? Krapp war 1958 Mitgründer des Film- und Video-Clubs Darmstadt und rund 35 Jahre lang dessen Vorsitzender. Die Mitglieder haben sich zur Aufgabe gemacht, Bewegtbilder zu sammeln und zu archivieren, die verschiedene Facetten der Stadt zeigen. Inzwischen besitzt der Amateurfilmclub gut 200 Darmstadt-Filme, der älteste stammt von 1921. „Aus unserem Archiv bedienen sich neben diversen Institutionen auch Fernsehsender wie Arte, ZDF oder der Hessische Rundfunk", erklärt Krapp nicht ohne Stolz. Seit 1971 organisieren die Mitglieder mit dem Heimatverein Darmstädter Heiner außerdem Vorführungen, die beim Heinerfest im Pali-Kino unter dem Titel „Darmstadt im Film" laufen. „2018 entschlossen wir uns, Aufnahmen zu zeigen, die die Öffentlichkeit noch nie gesehen hat."

Wochenlang hat Krapp daraufhin entsprechendes Material gesucht und gefunden, darunter drei Szenen aus dem 1920 errichteten Hochschulstadion, der ersten Hochschulwettkampfstätte in Deutschland. „Eine Aufnahme stammt von den Internationalen Hochschulmeisterschaften 1930", erklärt Krapp. Damals sah die Umgebung der Stele noch anders aus. Das Ehrenmal befand sich auf dem eigentlichen Stadion-Gelände und war dort prominent platziert. Inzwischen steht es inmitten eines Wäldchens, das mit einem Zaun vom heutigen Stadiongelände abgetrennt ist. „Früher stand die Stele leicht erhöht hinter

Heinz Krapp hat die Stele zufällig entdeckt.

dem Startpunkt der Laufstrecken im Norden", weiß Krapp durch die Videoaufnahme. Die zeigt ferner, dass an dieser Stelle noch keine Bäume und Büsche wuchsen. „Die Stele stand frei, davor wehten internationale Flaggen." Außerdem war das Denkmal von einem steinernen Ring eingefasst. Von diesem sind heute nur noch Reste zu sehen. Der einst helle Muschelkalk der Stele ist inzwischen dunkel und bemoost. Die Inschrift aber ist noch gut zu lesen: *Denket der Toten des Krieges und denket dessen, wofür sie starben.* Wettkämpfer legen dort im Film einen Kranz nieder, „zu Ehren aller im Ersten Weltkrieg gefallenen Sportler", vermutet Krapp.

Fast. Bei der Stele handelt es sich um ein Denkmal für die Angehörigen der Technischen Hochschule Darmstadt, die in den Jahren 1914 bis 1918 gefallen waren, wie im Archiv der TU Darmstadt vermerkt ist. Aufgestellt wurde es demnach um 1918 nach einem Entwurf des Architekten und Professors für Baukunst, Heinrich Walbe (1865-1954). Im von Heinz Krapp entdeckten Film ist die Eröffnungsfeier der vierten Internationalen Hochschulmeisterschaften am 1. August 1930 zu sehen. Aus diesem Anlass wurden unter anderem die Zugangswege des Stadions instand gesetzt und erweitert sowie das Gefallenendenkmal hergerichtet. „Spannend", findet Krapp, der sich schon jetzt auf die nächsten Projekte freut. „Mal sehen, was sich in unserem Archiv noch alles verbirgt."

Kerstin Schumacher

So geht's zur Stele:

Vor dem Hochschulstadion am Lichtwiesenweg führt westlich des Haupteingangs ein kleiner Pfad direkt zur Stele.

Giovanni Grippo kennt die geheime Symbolik der Sphinx.

Sphingen

Die Hüter des Portals

Sie sind die Wächter des Geheimnisses. Ihre Botschaft: Nur wer eingeweiht ist, darf vorbeigehen. Vor einem klassizistischen Gebäude an der Sandstraße stehen, vor einem Portal mit sechs ionischen Säulen, zwei Sphingen. „Die Sphinx als Portalwächter ist eine Anspielung auf die Legende des Ödipus. Der musste ein Rätsel lösen, um Theben zu befreien. Die Botschaft der Sphinx soll sein: Wenn du hier hineinwillst, musst du ein Rätsel lösen oder einen Code kennen. Hier finden nur Wissende Eintritt", erzählt der Vorsitzende Meister der Freimaurerloge „Zum flammenden Schwert", Giovanni Grippo. Und er muss es wissen, denn die Sphingen sind nicht nur ein freimaurerisches Symbol, nein, das Gebäude, vor dem sie stehen, wurde einst für die Freimaurer errichtet. Deren Geschichte in Darmstadt nimmt im Jahr 1764 mit der Gründung der Loge „Zur Weißen Taube" ihren Anfang. „Diese Loge bestand bis

Anfang des 19. Jahrhunderts und Ludwig Georg Karl war deren Vorsitzender Meister, ein Schwager des Großherzogs Ludwig I.", sagt Grippo. 1811 fanden sich dann 19 Brüder zusammen, die eine neue Loge gründen wollten und bei Großherzog Ludwig I. (1763-1830) um die Erlaubnis ersuchten. Der zögerte. „Im Jahr 1816 jedoch bat ihn sein Leibarzt Georg von Wedekind nochmals, die Gründung doch zu genehmigen", fährt Grippo in der Geschichte fort. „Johannes der Evangelist zur Eintracht", sollte sie heißen. Ludwig stimmte endlich zu. Er stellte der Loge einen Schutzbrief aus, in dem es unter anderem hieß: „Demnach Ich das Eklektische Freimaurer-System und Gesetzbuch genauer geprüfet und zwar Manches bemerkt habe, welches Mir für wahre Freimaurerei nicht zweckmäßig scheinet, so erlaube ich doch der Loge ‚Johannes der Evangelist zur Eintracht‘, […] sich allhier in Darmstadt […] zu constituiren."

Eine der beiden Sphingen vor dem Portal.

Und nicht nur das: Er schenkte der neuen Loge auch noch ein Grundstück und beauftragte seinen Chefarchitekten Georg Moller (1784-1852) – übrigens ein Neffe Wedekinds (1864-1918) und ebenfalls Freimaurer –, ein Logenhaus zu bauen. Der wollte eigentlich gern einen pantheonartigen Rundbau errichten. „Die Logenbrüder haben sich aber für eine T-Form entschieden, an den Eingangsbereich mit den Säulen fügte sich ein Längsbau an. Zumal das T ein freimaurerisches Symbol ist. Das nennen wir Tau und es hat eine tiefergehende Bedeutung: Es entspricht dem Hammer des Vorsitzenden Meisters mit dem doppelten rechten Winkel; da steckt ganz viel Symbolik drin", beschreibt Grippo. Zum „Hammer" ist im *Freimaurerwiki* zu lesen: „Der Vorsitzende Meister einer Loge, ebenso die beiden Aufseher, führen zum Zeichen ihrer Würde einen Hammer."

Nach dem Ersten Weltkrieg, im Jahr 1921, gründete sich im Tempel eine weitere Loge, die Loge „Zum flammenden Schwert", ebenjene, deren Vorsitzender Meister Grippo ist. „Dort waren wir allerdings nur sieben Jahre und sind erst seit 1990 wieder ins Logenhaus eingezogen", sagt er. Dazwischen lagen viele Jahre mit vielen Umzügen – und das Dritte Reich, während dem alle Logen in Deutschland verboten waren und der Tempel zerstört wurde. „Die beiden Sphingen und die sechs ionischen Säulen dahinter sind das Einzige, was den Zweiten Weltkrieg überstanden hat", sagt Giovanni Grippo.

Übrigens: Geschaffen hat die beiden Fabelwesen im Jahre 1826 Bildhauer Philipp Johann Scholl (1805-1861). Hätten die Sphingen nicht nur steinerne Augen, was hätten sie alles gesehen in den vielen vergangenen Jahrzehnten, die sie hier schon stehen! Die vollkommene Zerstörung 1944, als alles um sie herum in Schutt und Asche fiel. Den Wiederaufbau durch die Mitglieder nach dem Krieg. Und dass es heute sogar drei Freimaurerlogen in Darmstadt gibt „Zum Flammenden Schwert", „Vier Elemente im Licht" und „Johannes der Evangelist zur Eintracht". Alle Mitglieder der drei Logen gehören zu den Eingeweihten. Zu denen, die das Rätsel lösen können und den Code kennen. Auch wenn sie lange schon nicht mehr an der Loge vorbei in ihren Tempel gehen: Der Eingang befindet sich ums Eck und ist hochmodern. Die Symbolik aber bleibt bestehen.

Eva-Maria Bast

So geht's zu den Sphingen:

Sie stehen rechts und links des Portikus in der Sandstraße 10.

Quellen und Literatur, Bildnachweis

Altstadtmuseum Darmstadt: Altstadtmuseum Darmstadt: https://altstadtmuseum-darmstadt. de. Abgerufen am 29.06.2019.

Andres, Wilhelm: Das Dorf am Ruthsenbach. Zur Geschichte von Arheilgen, Darmstadt 1986, S. 67.

Bauverein AG (Hg.): Darmstadtium. Idee, Planung, Bauprojekt. Darmstadt 2007 Bauverein AG: https://www.bauvereinag.de abgerufen 29.06.2019.

Barockjagd.de: „Die teutsche Jagd". URL: http://barockjagd.de/jagen-vor-250-jahren/ die-teutsche-jagd/index.html. Abgerufen am 10.05.2019.

Berendt, Joachim-Ernst: Das Jazzbuch. Frankfurt/Main 7. Auflage 2005. Erste Auflage: Frankfurt/M. 1953.

Christ, Alexa-Beatrice: Stadtarchiv Darmstadt. URL: https://www.darmstadt-stadtlexikon. de/h/hufnagel-lederwaren.html. Abgerufen am 25.04.2019.

Darmstädter Industrie: Gebrüder Roeder AG. In: Darmstädter Wochenschau Nr. 47/48, 1936; Gebrüder Roeder Darmstadt 1866-1916.

Denkschrift zum 50jährigen Geschäftsjubiläum der Firma Erste.

Darmstädter Herdfabrik und Eisengießerei Gebrüder Roeder Darmstadt. Darmstadt 1916, S. 5.

Darmstädter Sezession: Geschichte, die Jahre 1915-1919. http://www.darmstaedtersezession. de/chronik/1915-1919/ Abgerufen am 29.06.2019.

Darmstädter Stadtlexikon. URL: view-source:https://www.darmstadt-stadtlexikon. de/h/heyl-zu-herrnsheim-maximilian-von. html. Abgerufen am 06.02.2019.

Darmstädter Tagblatt vom 07.05.1959: „Die Treue spricht aus einem Stein".

Darmstädter Wochenblatt vom 15.02.1950: „Herrscher über einhundert Pferdeköpfe".

15.02.1950.

DVG-VK Damstadt. URL: https://dfg-vk-darmstadt.de/Lexikon_Auflage_2/ Zivilschutzbunker.htm. Abgerufen am 06.02.2019.

DFG-VK-Darmstadt. URL: https://dfg-vk-darmstadt.de/Lexikon_Auflage_2/ RoederOfenfabrik.htm. Abgerufen am 24.05.2019.

Darmstädter Tagblatt, Nr. 89, 30.03.1930, S. 8.

Deutsches Jagd-Lexikon: Lappen. URL: http:// www.deutsches-jagd-lexikon.de/index. php?title=LappenLappen – Deutsches Jagd Lexikon. Abgerufen am 10.05.2019.

Deppert, Fritz: „Claudius, Matthias." In: Stadtlexikon Darmstadt. URL: https://www. darmstadt-stadtlexikon.de/c/claudius-matthias.html. Abgerufen am 21.06.2019.

Deppert, Fritz und Häussler, Christian: Die Darmstädter Altstadt, Darmstadt 1992.

Deuster, Thomas: Gewässer in und um Darmstadt. Darmstadt 2018, S. 31-34, 255.

Deuster, Thomas: Gewässer in und um Darmstadt. Darmstadt 2008, S. 75.

Digitales Archiv Hessen-Darmstadt. URL: http://www.digada.de/index. php?markupText=weg&content=./wk1/kap3/ denkmaeler.htm#11. Abgerufen am 17.06.2019.

Eberstädter Zeitung: „Turnhalle-Weihe in Eberstadt". In: Neuer Eberstädter Anzeiger, Nr. 16, 33. Jahrgang, Ausgabe von Montag, 29. Januar 1934. (Signatur: STZ 94, Stadtarchiv).

Eckhard, Franz: „Weyprecht, Karl". In: Stadtlexikon. URL: https://www.darmstadt-stadtlexikon.de/w/weyprecht-carl.html. Abgerufen am 24.06.2019.

Einmaliges Denkmal – Der Verpflanzturm in Darmstadt. In: „Das Bauzentrum", o.O. Oktober 2000, S. 24.

Engels, Peter: „Brandnacht". In: Stadtlexikon Darmstadt. URL: https://www.darmstadt-stadtlexikon.de/b/brandnacht.html. Abgerufen am 24.06.2019.

Engels, Peter: „Hirschköpfe". In: Stadtlexikon Darmstadt. URL: https://www.darmstadt-stadtlexikon.de/h/hirschkoepfe.html. Abgerufen am 12.06.2019.

Engels, Peter: „Die Familie von Heyl und Darmstadt". In: Gerold Bönnen, Ferdinand Werner (Hrsg.): Die Wormser Industriellenfamilie von Heyl. Öffentliches und privates Wirken zwischen Bürgertum und Adel. Worms 2010, S. 499-518.

Engels, Peter: Geschichte Bessungens. Darmstadt 2002 Darmstädter Schriften 83, S. 40-43.

Engels, Peter: „Reformation". In: Stadtlexikon Darmstadt. URL: https://www.darmstadt-stadtlexikon.de/r/reformation.html. Abgerufen am 19.06.2019.

Engels, Peter: „Stadtmauer". Stadtlexikon Darmstadt.URL: https://www.darmstadt-stadtlexikon.de/s/stadtmauer.html. Abgerufen 29.06.2019

Engels, Peter: „Straßenbahn". URL: https://www.darmstadt-stadtlexikon.de/s/strassenbahn/ Abgerufen am 26.06.2019.

Freddy51: Lost Place: Hessisches Landesgestüt in Darmstadt. URL: https://www.geocaching.com/geocache/GC2WKHV_lost-place-hessisches-landesgestut-in-darmstadt?guid=040bfc8d-52aa-4111-bda0-6847f9773a4b. Abgerufen am 29.06.2019.

Freimaurer Darmstadt: Matthias Claudius in Darmstadt. URL: http://darmstadt-freimaurer.de/index.php/kulturelles-engagement/matthias-claudius-in-darmstadt. Abgerufen am 21.06.2019.

Freimaurer-Wiki: Hammer. URL: https://freimaurer-wiki.de/index.php/Hammer. Abgerufen am 17.06.2019.

Fries, Günter et al.: Stadt Darmstadt. (= Denkmaltopographie Bundesrepublik Deutschland, Kulturdenkmäler in Hessen), Braunschweig 1994.

Geelhaar, Christiane: „Bauen und Entwicklung. Die Mathildenhöhe in ihrem historischen Wandel". In: Stadt Darmstadt: Museum Sander und die Gesamtkonzeption Mathildenhöhe. Bürgerforen am 1. und 8. Dezember 2010 sowie 1. Februar 2011. Darmstadt 2011.

Groblewski, Michael (Hg.): St. Ludwig in Darmstadt. Regensburg. 2005.

Gröpler, Helmut: Die Engel hielten den Atem an. Berlin 1994.

Gunzert, Walter: „Karoline". In: Neue Deutsche Biographie 1977, S. 283 f.

Hauck, Barbara: Capriolen. Die Männerfreundschaften des letzten hessischen Großherzogs Ernst Ludwig. Bad Nauheim 2017.

Hessisches Landesamt für Naturschutz, Umwelt und Geologie. URL: https://www.hlnug.de/fileadmin/dokumente/klima/extreme_wetterereignisse.pdf. Abgerufen am 06.02.2019.

Historischer Verein für Hessen (Hrsg.): Stadtlexikon Darmstadt. Stuttgart 2006, S. 182, 409, 685, 754, 857 und 967.

Hollmann, L.; Opacic, D; Münstermann, E; & Kunzendorf, A.: 100 Jahre Hochschulsport-Technische Universität Darmstadt. Festschrift anlässlich des 100-jährigen Jubiläums. Darmstadt 2012.

Horneff, Frank: „Darmstädter Traditionsbiermarke kehrt zurück". URL: https://www.echo-online.de/lokales/darmstadt/darmstadter-traditionsbiermarke-kehrt-zuruck_20129437?fbclid=IwAR1tvSU2k8XMU6NQt3gS47xbvjBDIO-DHAKlr8YDbn0zMy7WxC_DWkgOlLg#. Abgerufen am 27.06.2019.

„Internationale Studentenolympiade in Darmstadt, 1. August 1930". In: Zeitgeschichte in Hessen. URL: https://www.lagis-hessen.de/de/subjects/idrec/sn/edb/id/675. Abgerufen am 26.06.2019.

Johannisloge-Freimaurerloge Zum flammenden Schwert 1921 im Freimauerorden GLL FvD: Freimaurerei in Darmstadt. URL: http://darmstadt-freimaurer.de/index.php/

freimaurerei-in-darmstadt. Abgerufen am 17.06.2019.

Kachelmannwetter. URL: https://wetterkanal. kachelmannwetter.com/vor-26-jahren-rekordwaerme-im-februar-gebietsweise-ueber-20-grad. Abgerufen am 06.02.2019.

Király, Susanne: „Büchner, Georg". In: Stadtlexikon Darmstadt. URL: https://www. darmstadt-stadtlexikon.de/b/buechner-georg. html. Abgerufen am 21.06.2019.

Knieß, Friedrich Wilhelm: Bauverein AG. Darmstadt, Stadtlexikon. URL: https://www. darmstadt-stadtlexikon.de/b/bauverein-ag. html. Abgerufen 29.06.2019.

Knodt, Manfred: Die Evangelische Stadtkirche in Darmstadt. Zürich 1980.

Knodt, Manfred: Ernst Ludwig, Großherzog von Hessen und bei Rhein. Darmstadt 1978.

Knodt, Manfred: Rundblick vom Stadtkirchenturm. Darmstadt. 1993.

Kuhl, Walter: Rosetten. URL: https://www. walter-kuhl.de/strassenbahn/rosetten.htm. Abgerufen am 19.06.2019.

Kühlem, Kordula: Heinrich von Brentano di Tremezzo. URL: https://www.kas.de/web/ geschichte-der-cdu/personen/biogramm-detail/-/content/heinrich-von-brentano-di-tremezzo. Abgerufen am 30.04.2019.

Kulturamt der Stadt Darmstadt (Hrsg.): Kunst im öffentlichen Raum in Darmstadt 1641-1994. Darmstadt 1994, S. 96.

Landtagsdrucksache 11/3746 vom 21.5.1985. URL: http://starweb.hessen.de/cache/ DRS/11/6/03746.pdf. Abgerufen am 27.02.2019.

Matthäusgemeinde Darmstadt, Kirchenvorstand der: „50 Jahre Evangelische Matthäusgemeinde" Darmstadt 2000.

Möbus, Walter: Bessunger Lesebuch. Darmstadt 1987, S. 37.

Nagelkreuzgemeinschaft in Deutschland e.V. URL: http://nagelkreuz.org. Abgerufen am 26.06.2019.

Netuschil, Claus K.: „Dachstube". In: Stadtlexikon. URL: https://www.darmstadt-stadtlexikon.de/d/dachstube.html. Abgerufen am 29.06.2019.

Netuschil, Claus K.: „Expressionismus". In: Stadtlexikon. URL: https://www.darmstadt-stadtlexikon.de/e/expressionismus.html. Abgerufen 29.06.2019.

Pferdezucht in Hessen: URL: http://www. pferdezucht-hessen.de/index.php/pferdezucht/ pferdezucht-in-hessen. Abgerufen 29.06.2019.

Ratzel, Friedrich: „Weyprecht, Karl". In: Allgemeine Deutsche Biographie, Band 42 (1897), S. 763–774. URL: https://de. wikisource.org/w/index. php?title=ADB:Weyprecht,_Karl&oldid. Abgerufen am 21.06.2019.

Rick, Kevin: Zwischen Bierboom und Brauerei-Boykotten. Geschichte der Hessischen Brauereien 1871-1914. Darmstadt 2014.

Rummel, Wilhelm – Brauerei: 1847-1957 Festschrift zum 110-jährigen Bestehen. Darmstadt 1957.

Sauer, Mona: „Hauptbahnhof". URL: https:// www.darmstadt-stadtlexikon.de/h/ hauptbahnhof.html. Abgerufen am 21.04.2019.

Schottner, Alfred: Die „Ordnungen" der mittelalterlichen Dombauhütten: Verschriftlichung und Fortschreibung der mündlich überlieferten Regeln der Steinmetzen. Münster 1995.

Seipp, Joachim: Die Bilder der Ev. Matthäuskirche zu Darmstadt, Darmstadt 2004.

Söder/Wilbert: Zeppelinhalle in Darmstadt. Studienarbeit zum Seminar Industrie-Archäologie 1980/81. Denkmalamt.

Standesamt Darmstadt: Sterberegister Nr.15/45.

Stadtarchiv Darmstadt, ST 22 Bezirksverwaltung Eberstadt (nach 1945). Ohne Signatur.

Stadtlexikon: „Klappach". URL: https://www. darmstadt-stadtlexikon.de/k/klappach.html.

Abgerufen am 06.06.2019.

Veeser, Jochen A.: Weiß'de noch? Samstags war Badetag und montags große Wäsche. Geschichten und Anekdoten aus dem Darmstadt der 50er Jahre. Kassel 2005, S. 6.
Walther, Philipp Alexander Ferdinand: Darmstadt wie es war und wie es geworden., Darmstadt 1865, S. 179 ff.

Walther, Philipp: „Karoline, Landgräfin von Hessen-Darmstadt". In: Allgemeine Deutsche Biographie, herausgegeben von der Historischen Kommission bei der Bayerischen Akademie der Wissenschaften, Band 15 (1882) S. 410–415.

Welsch, Sabine: „Waldspirale". Darmstadt, Stadtlexikon. URL: https://www.darmstadt-stadtlexikon.de/w/waldspirale.html. Abgerufen 29.06.2019.

Werner (Hrsg.): Die Wormser Industriellenfamilie von Heyl. Öffentliches und privates Wirken zwischen Bürgertum und Adel. Worms 2010, S. 499-518.

Wissenschaftsstadt Darmstadt (Hrsg.): Darmstadts Ehrengräber. Biografien und Bewertungen. Darmstädter Schriften 105, 2016, S.19.

Bildnachweis:

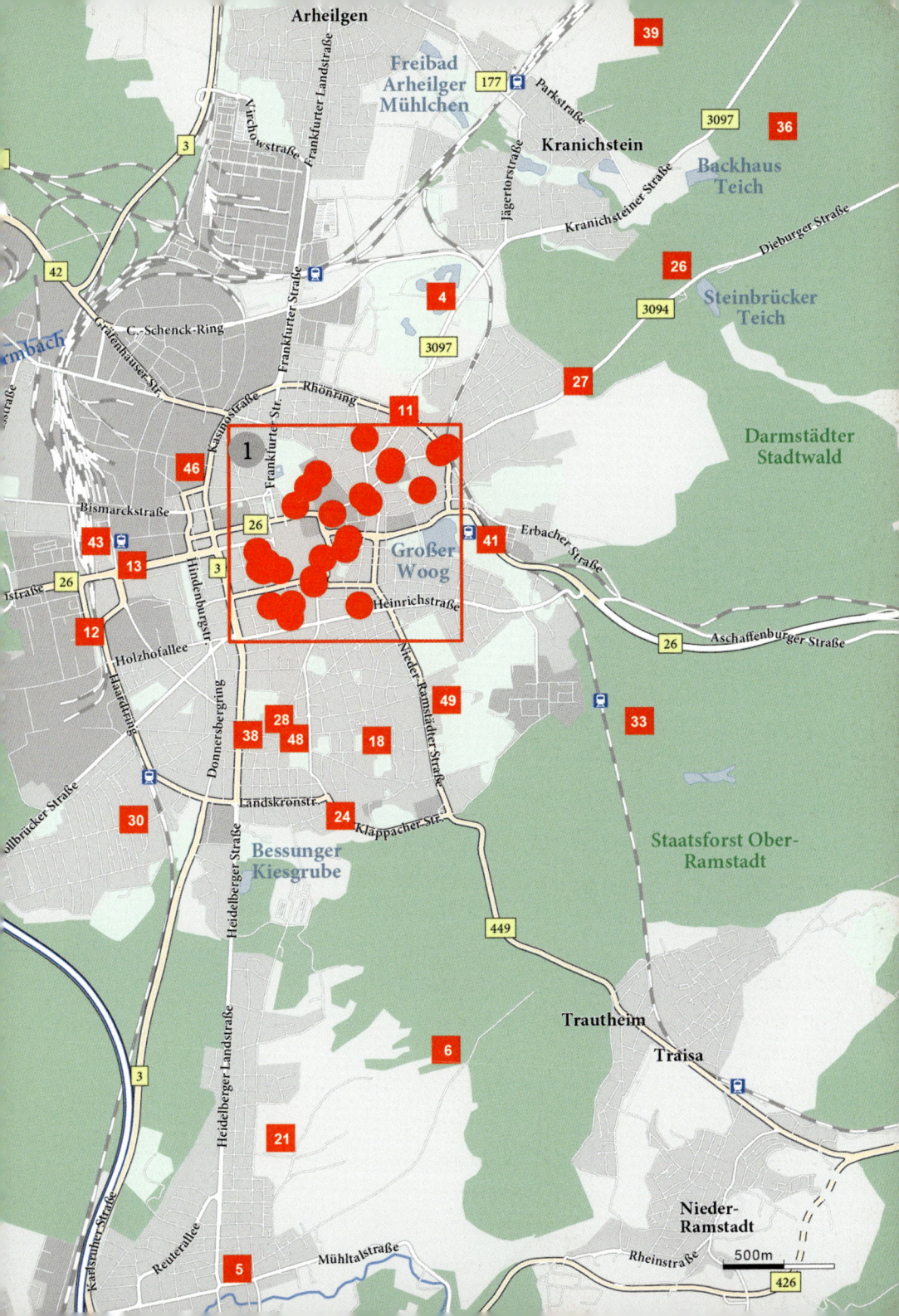

SIE WOLLEN NOCH MEHR ÜBER

Darmstadt

WISSEN?

....

Hier gibt es sachkundige Informationen:

Jutta Schütz
Redakteurin der Darmstädter nicht-
kommerziellen Frauenzeitschrift
MATHILDE. Das Magazin ist im
Buchhandel der Region oder als Abo
erhältlich. Mehr Infos unter: www.
mathilde-frauenzeitung.de.

*Gerhard Vocke - Die Bahnwelt
Darmstadt Kranichstein*
Der ehrenamtliche Trägerverein
Museumsbahn e.V. präsentiert eine
umfangreiche Sammlung von histo-
rischen Dampf-, Diesel- und Elektro-
lokomotiven. Dazu gehören auch Perso-
nen-, Güter- und Spezialfahrzeuge.
Einige Loks und Wagen werden betriebs-
fähig unterhalten. Seit 1997 übernimmt
der Trägerverein Arbeitsgemeinschaft
historische HEAG Fahrzeuge e.V. die
Aufgabe, auch die Erinnerung an den
historischen Straßenbahnverkehr in
Darmstadt zu bewahren.
Steinstraße 7
64291 Darmstadt
Telefon: 06151 / 377600
E-Mail: info@bahnwelt.de
Homepage: www.bahnwelt.de
Öffnungszeiten:
So. und an Feiertagen 10-16 Uhr
Mi. (April-September) 10-16 Uhr

*Matthias Mampel: Die Ausstellungen
und Sammlungen des Eisenbahn-
museums Darmstadt Kranichstein*
Das Eisenbahnmuseum liegt auf dem
Gelände des ehemaligen
Rangierbahnhofs Darmstadt
Kranichstein. Das Eisenbahnmuseum
verfügt nicht nur über eine
umfangreiche Sammlung von
historischen Lokomotiven und Wagen,
sondern hat in Sammlungen auch viel
Material zur Eisenbahngeschichte
zusammengetragen.
Steinstraße 7
64291 Darmstadt
Telefon: 06151 / 377600
E-Mail: info@bahnwelt.de
Homepage: www.bahnwelt.de
Öffnungszeiten:
So. und an Feiertagen 10-16 Uhr
Mi. (April-September) 10-16 Uhr